DO Y

¿HA

*International Medical
Language Guide*

*Guía Internacional Del
Lenguaje Del Médico*

ENGLISH - SPANISH
SPANISH - ENGLISH

INGLÉS - ESPAÑOL
ESPAÑOL - INGLÉS

by/por
Gregg M. Cox

*Illustrations by
Láminas por*
Dennis D. Horan M.M.

Library of Congress Catalog Card Number: **91-28949**
(Biblioteca de Congresso número de tarjeta del catálogo)
Cataloging number recommended for the Dewey decimal system: **468.3**
(Número de catalogación recomendado por la sistema de Dewey decimal)
ISBN: 1-879574-03-9

First printing   Primera impresión
Printed in the USA   Impreso en los EE.UU.

Although the author and publisher have exhaustively researched all sources to ensure the accuracy and completeness of the information contained in this book, we assume no responsibility for errors, inaccuracies, omissions, or any inconsistency herein. Readers should use their own judgment for specific applications to their individual problems.

Aunque el autor y el publicador tienen el abscéso a todos los recursos para asegurar la información precisa y completa que contiene en este libro, nosotros no asuminos la responsabilidad de errores, inexactos, omisiónes, o alguna inconsecuencia adjunta. Lectores deberán usar su juicio propio para aplicación específica a sus problemas individuales.

Pandemic International Publishers Inc.
POB 61849
Vancouver, Washington 98666 (U.S.A.)

Pandemic International Publishers Inc.
European Division
P.O. Box 1400
Basildon, Essex SS16 6AH (U.K.)

TABLE OF CONTENTS

ÍNDICE DE MATERIAS

PREFACE

This practical guide is intended to aid you, the traveller who unfortunately has to seek medical assistance in Spanish speaking countries, and the medical provider in dealing with Spanish speaking patients.

The largest problem you may encounter is that the average phrase book doesn't provide the extensive vocabulary needed. In preparing this book I have taken many suggestions from doctors, nurses, technicians and patients who have had to deal with the language barrier. This enabled me to compile a phrase book to help you overcome some of these problems.

This guide is easy to use with the contents logically arranged. The English phrase or word is given followed by the foreign equivalent.

I have tried to eliminate duplication of phrases. Therefore, you may find, when dealing with a specific area that some questions and phrases are missing. It may be necessary to refer to the section that is the most closely related to the area that you are dealing with. For example, if you need to ask anything regarding breathing when dealing with a chest patient, refer to the nose, mouth, and throat section. Also, remember generic questions that can be used in most situations are in the examination section.

The following may be a useful introduction:

Hola. Soy ... Yo no hablo español, pero vamos a usar este libro para preguntar y responder a preguntas varias. No voy a poder entender sus respuestas, así por eso haga el favor de contestar, negando u afirmando con la cabeza para indicar sí y no. Si no puede mover su cabeza o hablar, levantando un dedo para indicar "no" y dos para indicar "sí". Si está más fácil, puede meramente señale la palabra, expresión o frase en el libro.

Hello. I am ... I do not speak Spanish but we can use this book to ask and respond to various questions. I will not be able to understand your spoken answers, so please reply by shaking or nodding your head to indicate yes and no. If you can't move your head or speak, raise one finger for "no" and two fingers for "yes". If it is easier you can simply point to the word, phrase or sentence in the book.

PREFACIO

Está guía practica es con el intento de ayudarlo a Usted, viajeros que desgraciadamente tienen que buscar asistencia médica en países que hablan inglés, y para provedores médicos que tienen que tratar con pacientes que hablan inglés.

El problema más grande que Usted puede encontrar es que el porcentaje de libros no proveén el amplio vocabulario necesario. Preparando este libro, he tomado sugerencias de médicos, enfermeras, técnicos y pacientes los cuáles han tenido que batallar con la barrera del lenguaje. Esto me ha dado la idea de escribir este libro para ayudarlo con algunos de estos problemas.

Está guía es facil de usar con el contenido lógicamente arreglado. Las frases o palabras en español se dan segidas de un equivalente extranjero.

Haya probado eliminar duplicación de frases, por esto usted puede encontrar, cuando trata con alguna área especifica que algunas preguntas y frases no estan. Puede ser necesario referirnos a la sección relatada más cercana a el área con la que Usted está tratando. Por ejemplo, si Usted necesita preguntar alguna cosa referente a la respiración cuando trata con un paciente con una problema del pecho, refiérase a la nariz, boca, y garganta. También, recuerde la preguntas genericas que pueden ser usadas en más de las situaciónes estan en el área de examinación.

La siguiente puede ser una introducción util:

Hello. I am ... I do not speak English but we can use this book to ask and respond to various questions. I will not be able to understand your spoken answers, so please reply by shaking or nodding your head to indicate yes and no. If you can't move your head or speak, raise one finger for "no" and two fingers for "yes". If it is easier you can simply point to the word, phrase or sentence in the book.

Hola. Soy ... Yo no hablo inglés, pero vamos a usar este libro para preguntar y responder a preguntas varias. No voy a poder entender sus respuestas, así por eso haga el favor de contestar, negando u afirmando con la cabeza para indicar sí y no. Si no puede mover su cabeza o hablar, levantando un dedo para indicar "no" y dos para indicar "sí". Si está más facil, puede meramente señale la palabra, expresión o frase en el libro.

SPANISH PRONUNCIATION GUIDE

Aa   - like a as in father
Bb   - like b as in bee
Cc   - like s as in sat
CH ch - like ch as in child
Dd   - like d as in day
Ee   - like a as in day
Ff   - like f as in fat
Gg   - like g as in go
Hh   - always silent
Ii   - like e as in bee
Jj   - like h as in hotel
Ll   - like l as in lion
LL ll - like ll as in million
Mm   - like m as in man
Nn   - like n as in inn
Ññ   - like the n as in note but a nasal sound
Oo   - like o as in oat
Pp   - like p as in Peter
Qq   - like q as in quarter
Rr   - like r as in robin
RR rr - like r as in burr
Ss   - like s as in sea
Tt   - like t as in turtle
Uu   - like u as in fume
Vv   - like v as in van
Xx   - like ch in Scottish loch
Yy   - like ee as in seen
Zz   - like ze as in zebra

K and w are found only in words of foreign origin.

DIPHTHONGS

ai - like i in ice
au - like ow in brown
ei - like a in gate
eu - like ew in stew
oi - like oi in boil
ja - like ya in yacht
je - like ye in yellow
jo - like yo in York
ju - like u in use

LA PRONUNCIACIÓN DEL INGLÉS

Aa - como la a de cama
Bb - como la b de burro
Cc - como la c de cola o la s de soda
Dd - como la d de día
Ee - como la e de seda
Ff - como la f de flor
Gg - como la g de globo
Hh - como la j de josé
Ii - como la i de vino o como la palabra "hay"
Jj - como la y de yerno
Kk - como la c de cola
Ll - como la l de lengua
Mm - como la m de masa
Nn - como la n de negro
Oo - como la o de bola
Pp - como la p de punto
Qq - como la q de que
Rr - como la r de restaurante
Ss - como la s de salsa
Tt - como la t de tela
Uu - como la u de uso
Vv - como la v de viernes
Ww - como la u de los diptongos ua o ue
Xx - como la x de sexto
Yy - como la y de yo
Zz - como la c de cebra

DIPTONGOS

ai - como la ai de baile
au - como la au de causa
ei - como la ei de veinte

TEMPERATURE/WEIGHT: TEMPERATURA/PESO

GRAMS GRAMOS	OUNCES ONZAS	FAHRENHEIT (F°) FAHRENHEIT		CENTIGRADE (C°) CENTÍGRADOS
25	1	212	Boiling Point Punto de ebullición	100
50	2			
75	3	104		40
100	4			
125	5	**98.6**	Body Temperature Temperatura Corporal	**36.9**
150	6			
175	7	86		30
225	8			
250	9	68		20
275	10			
300	11	59		15
325	12			
350	13	50		10
400	14			
425	15	32	Freezing Point Punto de congelación	0
450	16	23		-5
		0		-18

KILOS KILOS	POUNDS LIBRAS	POUNDS LIBRAS	KILOS KILOS	
1	2.205	1	0.45	Convert fahrenheit to
2	4.405	2	0.90	centigrade by subtracting 32
3	6.614	3	1.35	and multiplying by 1.8.
4	8.818	4	1.80	Convert centigrade to
5	11.023	5	2.25	fahrenheit by multiplying by
6	13.227	6	2.70	1.8 and adding 32.
7	15.432	7	3.15	
8	17.636	8	3.60	Para convertir fahrenheit en
9	19.840	9	4.05	centígrados se restan 32 y se
10	22.045	10	4.50	multiplica por 1.8. Para
15	33.068	15	6.75	Convertir centigrados en
20	44.889	20	9.00	fahrenheit se multiplica por
25	55.113	25	11.25	1.8 y se añaden 32.
50	110.225	50	22.50	
75	165.338	75	33.75	
100	220.450	100	45.00	

BASIC PHRASES: frases básicas

I am doctor ...	Yo soy médico ...
answer with yes or no	conteste con sí o no
yes/no	sí/no
please	por favor
thank you	gracias
thank you very much	muchas gracias
you're welcome	de nada
don't mention it	no hay de qué
not at all	no hay de qué
excuse me	perdóneme
pardon me	perdóneme
hello	hola
good morning	buenos días
good day	buenos días
good afternoon	buenas tardes
good evening	buenas tardes
good night	buenas noches
very well	muy bien
much better	mucho mejor
better	mejor
good	bien
so-so	así-así
not very well	no muy bien
bad/worse	mal/peor
unusual	insólito
I (don't) understand	(no) comprendo
I don't speak Spanish	no hablo español.
I don't have ...	Yo no tengo
I will not be able to ...	Yo no estaré disponible para ...
speak slower	hable más despacio
repeat	repítalo
see you later	hasta luego
see you tomorrow	hasta mañana
I will return shortly	regresare pronto
goodbye	adiós
come into my office	venga a mi oficina
don't be afraid	no tenga miedo
lie back and relax	acuestese y relajese
sit up please	sientese por favor
you may get dressed now	ya puede vestirse
try to remember	trate de recordar

that's right/wrong	eso es correcto/incorrecto
more or less	más o menos
try again	pruebe otra vez
again	otra vez
never	nunca
never mind	no importa
that will do	es bastante
be careful	cuidado
approximately	aproximadamente
here	aquí
there	allí
on the left/right	en la izquierda/derecha
left/right side	lado izquierdo/derecho
in front	en el frente
in back	atras
on top	arriba
in the center	en el centro
soft/hard/medium	suave/duro/medio

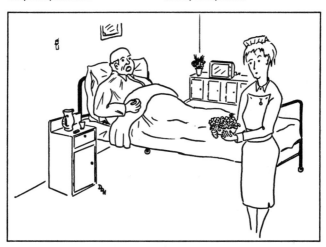

'You've made a mistake nurse, the doctor said I need an enema, not anemone'
'Usted ha habido un error enfermera, el médico dijo que necesito
una enema no anémona'

BASIC QUESTIONS: preguntas básicas

What is your name?
¿Cuál es su nombre?

How are you today?
¿Cómo está Usted hoy?

Do you speak English?
¿Habla Usted inglés?

Do you understand?
¿Comprende Usted?

Is there anyone here who speaks English?
¿Hay alguien aquí que hable inglés?

who?	¿quién?
why?	¿por qué?
what?	¿qué?
when?	¿cuándo?
where?	¿dónde?
how?	¿cómo?
how much?	¿cuánto ?
how many?	¿cuántos?
how often?	¿cada cuánto?
how long?	¿cuánto tiempo?
how bad?	¿cómo es de malo?
what for?	¿para qué?
what are they?	¿qué son?
what are they for?	¿para qué son esos?
since when?	¿desde cuándo?
for how long?	¿por cuánto tiempo?

Is there/are there ...?
¿hay/hay ...?

Can I have ...?
¿Puede tener ...?

Can you give me ...?
¿Puede darme ...?

Can you help me please?
¿Puede Usted ayudarme por favor?

Can you do it ...?
¿Puede Usted hacerlo ...?

Can you show me ...?
¿Puede Usted enseñarme ...?

Can you tell me please?
¿Puede Usted decirme por favor?

Will you write it down for me please?
¿Me lo podria escribir por favor?

When should I come back?
¿Cuándo debo dar vuelta?

When will it be ready?
¿Cuándo estará lista?

You don't remember?
¿No puede Usted recordar?

You don't know?
¿No se acuerda Usted?

Is it possible?
¿Es posible?

Is it necessary?
¿Es necesario?

So much?
¿Tanto?

Can you do it better?
¿Puede Usted hacerlo mejor?

EMERGENCIES: emergencias

**See EXAMINATION or PHRASES
CONCERNING specific body parts**

PROVIDER: proveedor

Do you understand me?
¿Me entiende?

Are you hurt?
¿Está herido?

Where does it hurt?
¿Dónde le duele?

Where are you cut/burned?
¿Donde se a Usted cortado/quemado?

Did it come on all of a sudden?
¿Le vino de repente?

Can you move?
¿Puede moverse?

Can you move your ...?
¿Puede mover su(s) ...?

Try to move your ...
Intente mover su(s) ...

     quickly   rápidamente
     slowly   despacio

Don't move/talk.
No mueva/hable.

You will need stitches.
Necesitara puntos.

    PATIENT: paciente

    Call an ambulance.
    Llame a una ambulancia.

Call the fire department/the police.
Llame a los bomberos/la policía.

There has been an accident.
Ha habido un accidente.

Can you get me a doctor?
¿Puede Usted conseguirme un médico?

I need a doctor quickly.
Necesito un médico rápidamente.

Is there a doctor here?
¿Hay un médico aquí?

It came on all of a sudden.
Vino de repente.

I can't move.
No puedo moverme.

I can't move my ...
No puedo mover mi(s) ...

I need some help.
Necesito ayuda.

It hurts to move/my ...
Me duele mover/mi(s) ...

I am cut/burned.
Me cortado/quemado.

I have been stabbed/shot/beaten/burned/raped.
He sido apoñalado/disparado/golpeado/quemado/violada.

I think I have broken my ...
Creo que tengo quebrado(a) mi(s) ...

I fell on my ...
Me caí en mi(s) ...

My child had a fall.
Se ha caído mi hijo/hija.

He/she has hurt his/her ...
Está herido(a) en ...

He/she is unconscious.
Está inconsciente.

He/she is bleeding (heavily).
Está sangrando (mucho).

He/she is (seriously) injured.
Está (gravemente) herido(a).

His/her ... is broken/swollen.
Se ha roto .../está hinchado.

'And we complain about our health service.'
'Y nosotros nos quejamos acerca del servicio de nuestra salud.'

RECEPTION: recepción

RECEPTIONIST: recepcionista

Do you have an appointment/appointment slip?
¿Tiene Usted una cita/papel de cita ?

Do you have any paperwork with you?
¿Tiene algun papeleo con Usted?

May I see it?
¿Puedo verlo?

Doctor ... will see you.
El médico ... lo mirara.

I will tell the doctor you are here.
Le diré al médico que Usted está aquí.

Please have a seat.
Sientese por favor.

PROBLEMS: problemas

I can't find your name.
No encuentro su nombre.

It will be a few more minutes.
Seran unos minutos más.

Your appointment is not until ...
Su cita no es hasta ...

You will have to come back ...
Usted tiene que regresar ...

The doctor is unable to see you today.
El médico no está disponible para verlo hoy.

Doctor ... is not here today.
El médico ... no está aquí hoy.

PATIENT: paciente

I have an appointment.
Tengo una cita.

My name is ...
Mi nombre es ...

I am here to see doctor ...
Estoy aquí para ver al médico ...

Can I make an appointment ...?
¿Puedo hacer una cita ...?

Could you make it earlier/later than that?
¿No sería posible antes/más tarde?

Do I need to make an appointment?
¿Necesito hacer una cita?

Can I see a doctor now/today?
¿Puedo ver al médico ahora/hoy?

I was told to come back today by ...
¿Me dijeron que regresara hoy para ...

Nurse ...	enfermera ...
Doctor ...	médico ...

MEDICAL HISTORY: historia médica

See BASIC QUESTIONS

How would you describe your present health?
¿Cómo podria describir su salud actual?

How old are you?
¿Cuántos años tiene?

What is your occupation?
¿Cuál es su ocupación?

Have you ever suffered from any of the following:
¿Ha sufrido Usted de lo siguiente?

**See LIST OF
ILLNESSES/DISEASES/AILMENTS**

Do you have ...?
¿Tiene Usted ...?

Have you ever had ...?
¿Ha tenido Usted ...?

What diseases have you had?
¿Qué enfermedades ha tenido Usted?

Have you ever been admitted into the hospital?
¿Alguna vez ha sido Usted admitido en el hospital?

Have you ever had any kind of surgery?
¿Ha tenido Usted algun tipo de operación?

Have you seen a physician within the last year?
¿Ha visto Usted un médico en este último año?

Have you taken any prescription or non prescription medication within
the last year?
¿Ha tomado Usted algun medicamento recetado o sin recetar en este
último año?

Are you taking any medication at this time?
¿Está Usted tomando alguna medicina?

What type of medication are you taking?
¿Qué clase de medicina está tomando?

Are you allergic to any medications/or anything else?
¿Es Usted alergico a algun medicamento/o alguna otra?

Have you ever taken any kind of prescription drugs, without a prescription?
¿Ha tomado Usted alguna vez medicina receta sin receta médica?

Do you have a drug problem?
¿Tiene Usted problema de droga?

Have you ever had a drug problem?
¿Ha tenido Usted problema de droga?

Do you smoke?
¿Fuma Usted?

Have you ever smoked?
¿Ha fumado Usted?

When did you quit?
¿Cuándo fue su último?

Do you drink?
¿Toma Usted?

Have you ever had an alcohol problem?
¿Ha tenido Usted alguna problema de alcohol?

Are you married?
¿Es Usted Casado?

Do you have any brothers/sisters?
¿Tiene Usted hermanos/hermanas?

Are your parents/grandparents alive?
¿Están sus padres/abuelos vivos?

What did they die from?
¿De qué murieron?

At what age?
¿A qué edad?

Do you have a family history of ...?
¿Tiene Usted historia familiar de ...?

Does anyone else in your immediate family suffer from this?
¿Alguien más en su familia cercana sufre de esto?

When was your last tetanus vaccination?
¿Cuándo fue su última inyección para el tetano?

Have you been vaccinated against ...?
¿Lo han vacunado contra ...?

FEMALE MEDICAL HISTORY: historia médica femenina

What was the first day of your last menstrual cycle?
¿Cuál fue el primer día de su última mestruación?

Have you ever had unusual vaginal bleeding?
¿Ha sufrido Usted de sangramiento de la vagina?

Have you ever been pregnant?
¿Ha estado Usted embarasada?

Do you have any children?
¿Tiene Usted niños?

Have you ever had a miscarriage/abortion?
¿Ha tenido Usted alguna pérdida/aborto?

What kind of birth control are you using at this time?
¿Qué clase de método está Usted usando para control de la natalidad?

Is there any possibility that you might now be pregnant?
¿Hay alguna posibiladad de que esté Usted embarasada?

Do you know when you conceived?
¿Sabe Usted cuando concebio?

If so, what trimester are you in?
¿Si está, en que trimestre está?

Are you currently taking any kind of medication? (including birth control pills)
¿Está Usted tomando algun medicamento? (inclullendo pastillas para control de la natalidad)

When was your last pap smear?
¿Cuándo fue su último chequeo de cáncer cerviz?

Have you ever had an abnormal pap smear?
¿Tiene Usted un chequeo anormal de cáncer cerviz?

Is there any history of breast/cervical cancer in your family? (particularly mother or sister)
¿Alguien en su familia ha tenido cancer en los pechos en la cerviz? (en particular madre o hermana)

Do you have a monogamous relationship with your husband/boyfriend?
¿Ha tenido Usted relaciónes solamente con su esposo/amigo?

DENTAL HISTORY: historia dental

Have you ever suffered from uncontrolled bleeding after a tooth extraction?
¿Ha sufrido Usted de sangramiento después de extraerle un diente?

Have you ever had a reaction to a local anesthetic?
¿Ha tenido Usted alguna vez alguna reacción a la anestecia local?

EXAMINATION: examen

See EMERGENCIES or PHRASES CONCERNING specific body parts

PROVIDER: proveedor

GENERAL INFORMATION: información general

What is your name?
¿Cuál es su nombre?

I am doctor ...
Yo soy médico ...

Don't be afraid/I want to help you.
No tenga miedo/quiero ayudarlo.

I am going to take a look.
Lo voy a mirar.

I will not hurt you.
No lo voy a lastimar.

It will not hurt.
No le dolera.

This is going to hurt (a little).
Le va a doler (un poco).

I will be back in a minute.
Regreso en un minuto.

I am going to take your pulse/temperature/blood pressure.
Voy a tomar su pulso/temperatura/presión de la sangre.

I am sending you to a specialist.
Lo voy a mandar Usted a un especialista.

I am sending you to the hospital for a general check-up.
Lo voy a mandar usted al hospital para un reconocimineto general.

We are going to take an x-ray.
Vamos a tomar una radiografia.

ACTION REQUIRED: acción requerido

Please point.
Por favor indica con el dedo.

Do this.
Hace este.

Show me where it hurts.
Muestreme donde le duele.

Show me where you experience the most pain.
Enseñarme donde experimenta más dolor.

Show me your ...
Muestreme su(s) ...

Can you move your ... ?
¿Puede Usted mover su(s) ...?

Can you not do it better?
¿No puede hacerlo mejor?

Please remove your clothing above/below the waist.
Por favor quitese la ropa de la cintura para arriba/de la cintura para abajo.

Please remove all your clothing and drape this over yourself.
Por favor quitese toda su ropa y cubrase con esto.

Put this on.
Pongase esto encima.

Please sit on the table/chair.
Por favor sientese sobre la mesa/silla.

Please roll up your sleeve.
Por favor subase la manga.

Please	Por favor

lay back	acuestese
turn over	voltese
stand up	levantese
sit down	sientese
bend over	agachese
say aaah	diga aaah
breathe in	inspire
breathe out	expire
breathe normally	respire normalmente
hold your breath	contenga su respiración
cough/again	tosa/otra vez

We will need a blood/urine/stool sample.
Necesitamos una muestra de sangre/orina/heces.

I want you to go to the hospital for a check up.
Quiero que Usted vaya al hospital para un chequeo.

You may get dressed now.
Ya se puede vestir.

PAST: pasado

What did you feel in the beginning?
¿Qué sentia al princia?

What kind of pain was (is) it?
¿Qué clase de dolor fue (es)?

shooting	punzada
dull	apagado
sharp	agudo
tingling	hormiguea
throbbing	palpitante
constant	constante
stinging	tacaño
intermittent	intermitente

Have you had difficulty sleeping?
¿Ha tenido Usted dificultades durmiendo?

Have you lost/gained weight?
¿Usted ha perdido/ganado peso?

Have you been feverish?
¿Ha tenido Usted febril?

How long have you had this?
¿Cuánto tiempo ha tenido Usted esto?

How long have you felt this way?
¿Por cuánto tiempo se ha sentido así?   **See TIMES**

Have you ever experienced this problem before?
¿Le han experimentado esta problema antes?

Did it come on all of a sudden?
¿Le vino de repente?

Were you bitten/stung?
¿Fue Usted mordido/picado?

Have you done anything for it?
¿Ha hecho Usted algo para ello?

What do you do to make it better/worse?
¿Qué hace Usted para hacerlo mejor/peor?

Have you taken or done anything for it?
¿Ha tomado o hecho Usted algo para ello?

Did it make it better or worse?
¿Hubo hecho mejor o peor?

How effective has that been?
¿Cómo efectivo le hubo?

    PRESENT: presente

Are you still in pain?
¿Sigue teniendo dolor?

Where exactly is the pain?
¿Donde exactamente le duele?

Where does the pain travel?
¿Donde va el dolor?

Do you feel better/worse/the same today?
¿Se siente mejor/peor/la misma hoy?

Does this hurt?
¿Le duele esto?

Can you feel this?
¿Puede sentir esto?

Did you feel that?
¿Siente Usted eso?

Do you feel tired/sick/dizzy?
¿Se siente Usted cansado/enfermo/mareado?

Do you feel cold/hot/weak?
¿Se siente Usted frio/caliente/sin fuerza?

Are you having difficulty breathing?
¿Tiene Usted dificultades respirando?

Are you nervous or worrying about anything?
¿Se siente Usted nervioso o preocupado sobre algo?

> **PATIENT**: paciente
>
> I have a pain here/there.
> Tengo un dolor aquí/acá.
>
> I have a pain in my ...
> Tengo un dolor en mi ...
>
> I have a ... on my ...
> Tengo un ... en mi ...
>
> I think I am/have ...
> Yo creo que estoy/tengo ...
>
> I have difficulty moving my ...
> Tengo dificutades moviendo mi ...

See PARTS OF THE BODY

I can't ...
No puedo ...

I have hurt my ...
Me lastimé mi ...

It hurts to move/my ...
Me duele al mover/mi ...

My ... hurts.
Mi(s) ... me duele.

It hurts continuously/sometimes.
Me duele continuamente/algunas veces.

If I do this it makes it better/worse.
Si hago esto lo mejoro/empeoro.

I feel ...   Tengo ...

    dizzy   mareos
    disoriented   desorientado
    drowsy   amodorrado
    nauseous   asqueroso
    shivery   escalofríos
    bloated   hinchado
    cold   frío
    hot   calor
    forgetful   olvidadizo
    listless   sin ánimo

I am deaf/mute.
Yo soy sordo/mudo.

I am taking .../this medication.
Estoy tomando .../este medicamento.

I take ... regularly.
Yo tomo ... regularmente.

I am addicted to ...
Yo soy adicto a ...

I am allergic to ...
Yo soy alergico a ...

I was taking ...
Yo estaba tomando ...

I have been diagnosed with ...
He sido diagnosticado con ...

I have had ... before.
Lo he tenido ... antes.

I have had it for ...
Lo he tenido por ...

The last time was ...
La última vez fue ...

Is it broken?
¿Está quebrado?

Is it contagious?
¿Es contagioso?

What is my temperature/blood pressure/pulse rate?
¿Cuál es mi temperatura/presión en la sangre/pulso?

Is it high/low/normal?
¿Es alta/baja/normal?

Can you recommend a/an ...?
¿Puede recomendar un(a) ...?

dentist	dentista
general practitioner	generalista
childrens doctor	pediatra
eye specialist	oculista
gynecologist	ginecólogo
... specialist	specialista de ...
surgeon	cirujano

DENTIST: dentista

See NOSE, THROAT, AND MOUTH

PROVIDER: proveedor

Please have a seat.
Sientese por favor.

Please open your mouth wide/wider.
Por favor abra su boca ancha/más.

Move your tongue to the left/right.
Mueva su lengua a su izquierda/a su derecho.

Say aaah.
Diga aaah.

Does this/that hurt?
¿Le duele esto/eso?

This will (not) hurt (a little).
Esto (no) va a doler (un poquito).

I am going to make the left/right side numb.
Le voy a adormecer el lado izquierdo/derecho.

Is it numb yet?
¿No está adormecido aun?

Can you feel this?
¿Puede Usted sentir esto?

Close your mouth slightly.
Cierre su boca un poquito.

This may be a little uncomfortable.
Esto puede ser un poco incómodo.

Bite down gently.
Muerde suave.

Relax/calm down.
Relajese/calmese.

Tap your teeth together.
Golpe sus dientes juntos.

Do you gag easily?
¿Atragantarse fácilmente?

Breathe through your nose.
Respire por la nariz.

I am finished.
Yo estoy terminando.

Please rinse.
Por favor enjuagese.

Spit into the bowl.
Escupa dentro del recipiente.

Do you have someone who can pick you up?
¿Tiene Usted a alguien que lo preda recojer?

   PATIENT: paciente

   I would like to see a dentist.
   Quiciera ver a un dentista.

   I have cracked/broken/chipped a tooth (teeth).
   Se me ha rompio/roto/astillo un diente(s).

   I have lost a filling/tooth.
   Se me cayó el empaste/diente.

   Can you fill it (fix it) now/temporarily?
   Me lo puede Usted rellenar (arreglar) ahora/temporalmente?

   My tooth/teeth/gum(s)/jaw hurts.
   Me duele mi diente/mis dientes/mi enciá(s)/mi mandíbula.

   I have a pain/swelling here.
   Tengo un dolor/hinchazón aquí.

at the top/bottom	arriba/abajo
in the front/back	en el frente/atras
left side/right side	lado izquierdo/lado derecho

Do you have to take it out?
¿Tiene Usted que sacarlo?

I (do not) want it extracted.
Yo (no) quiero que me lo saque.

I have an abscess/sore.
Tengo un absceso/dolor.

My gums are very sore/inflamed.
Me duele mucho mi encía/mi encía está muy inflamada.

My gums bleed frequently/after I brush/floss.
Mi encía sangra frecuentemente/después de lavar mis dientes/
con seda floja.

Could you please give me a pain killer/an injection to kill the
pain?
¿Me podría Usted dar un calmente/una inyección para el dolor?

Could you give me an anesthetic?
¿Me podría Usted dar un anestésico?

I have broken my denture(s).
Se me rompio mi dentadura(s).

Can I have a false tooth (teeth) put in?
¿Puedo tener un diente (dientes) postisos?

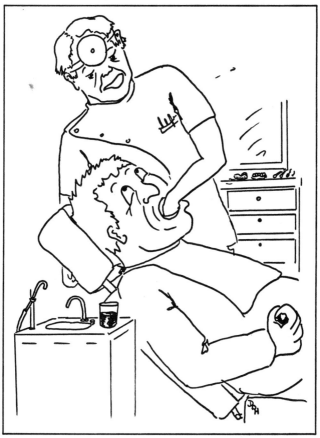

'Don't worry, I'll have the forceps out in a minute'
'No preocúpese, yo tendré el fórceps afuera en un minuto'

OPTICIAN: óptico

See EYES

PROVIDER: proveedor

These will be ready by ...
Esto estará listo para ...

I can't repair these.
Yo no puedo arreglar esto.

I can do that for you.
Lo puedo hacer para usted.

We don't carry this brand.
Nosotros no tenemos esta marca.

This is more/less expensive.
Esto es más/menos caro.

You need glasses.
Usted necesita lentes.

Do you wear glasses?
¿Usa Usted lentes?

May I see them please?
¿Puedo verlos por favor?

Do you wear contact lenses?
¿Usa Usted lentes de contacto?

Since when has your eyesight failed you?
¿Desde cuando ha disminuido su vista?

Can you read the chart on the wall?
¿Puede Usted leer el gráfico en la pared?

Read the first line.
Lea la primera linea.

Can you see now? and now?
¿Puede Usted ver ahora? ¿y ahora?

Better close up?
¿Mejor de cerca?

Better at a distance?
¿Mejor a la distancia?

Which is more clear one or two?
¿Cuál es más claro uno o dos?

PATIENT: paciente

I have lost/broken my glasses.
Yo perdi/roto mis lentes.

I need these repaired please.
Yo necesito estas reparatiónes por favor.

Can you repair them for me?
¿Puede Usted repararlas para mí?

When will they be ready?
¿Para cuándo están listas?

I'd like to buy some sunglasses.
Me gustaría comprar unas lentes de sol.

Can you change the lenses?
¿Puede Usted cambiar las lentes?

Do you have tinted/non-tinted?
¿Tiene Usted de color/sin color?

I'd like a darker/lighter shade.
Me gustarían los obscuros/los claros.

I would like (colored) contact lenses.
Me gustarían lentes de contacto (de color).

Can I get an eye test for some new glasses?
¿Puedo hacerme un examen de la vista para unos lentes nuevos?

HOSPITAL: hospital

PROVIDER: proveedor

Did you sleep well?
¿Duerme Usted bien?

You must stay in bed.
Tiene que quedarse en cama.

Push this button/pull this cord if you need anything.
Apriete este botón/tire este cordón si necisita algo.

Do you need to get up?
¿Necesita Usted levantarse?

Would you like the television/radio on?
¿Quiere Usted la televisión/la radio encendida?

Would you like to go to the bathroom/hallway/lobby/lounge?
¿Quiere Usted ir al baño/pasillo/sala/salón?

I am going to check/change your dressing
Le voy a chequear/cambiar su vendaje.

You need to sign these consent forms.
Necesita firmar estos formularios de consentimiento.

This explains the procedure.
Esto explica el procedimiento.

You cannot have anything to eat/drink.
No puede tener nada para comer/beber.

I am going to prepare you for surgery.
Le voy a prepara Usted para la operación.

I am going to shave you.
Le voy a afeitar Usted.

You must get out of bed and walk around.
Usted tiene que levantarse y andar un poco.

Have you urinated/had a bowel movement/passed gas?
¿Ha orinado/ha tenido un deposición/pasado gases?

You will be discharged ...
Usted dará de alta ...

PATIENT: paciente

I would like to see a doctor/nurse/specialist.
Me gustaría ver un médico/enfermera/especialista.

I would like a nurse to come to my room.
Quiciera que venga una enfermera a mi cuarto.

When will the doctor/nurse come?
¿Cuándo viene el médico/la enfermera?

I would like to go to the bathroom/toilet.
Quiciera ir al baño/servicios.

I need to urinate/have a bowel movement.
Necesito orinar/hacer un deposición.

I would like to be moved to another bed/room.
Me gustaría se transladado a otro cama/cuarto.

Please open/close the window/curtains.
Por favor abra/cierre la(s) ventana/cortinas.

I would like to watch television.
Me gustaría ver televisión.

I would like to listen to the radio.
Me gustaría escuchar la radio.

I would like to make a telephone call.
Quiciera hacer una llamada telefónica.

I would like to call long distance to ...
Quiciera hacer una llamada de larga distancia a ...

I would like something to eat/drink.
Me gustaría comer/tomar algo.

It is too noisy/quiet.
Es muy ruidoso/silencio.

I can't sleep/eat.
No puedo dormir/comer.

I feel dizzy/hungry/thirsty.
Me siento mareado/con hambre/sediento.

May I get out of bed?
¿Me puedo levantar de la cama?

I would like my ... changed.
Me gustaría mi ... cambiado.

When can I get up?
¿Cuándo puedo levantarme?

I would like to sit up.
Quiciera sentarme.

I would like to go to the cafeteria.
Quiciera ir a la cafetería.

I would like to eat later.
Quiciera comer más tarde.

Do you have any books or magazines in English?
Tienen algunos libros o revistas en inglés?

Can I have visitors?
¿Puedo tener visitas?

I am expecting a visitor today.
Estoy esperando una visita hoy.

What are the visiting hours?
¿Cuáles son las horas de visita?

I wish to be discharged.
Quiero que dar de alta.

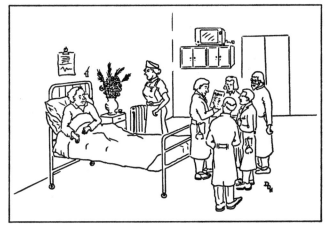

'Don't look so worried, they are only discussing their dinner menu'
'No se ven muy preocupados, ellos solo estan discutiendo el menú de su cena'

OBSTETRICS (pregnancy/delivery): obstetricia (embarazo/parto)

PROVIDER: proveedor

When is the baby due?
¿Cuándo va a nacer el niño?

Is this your first pregnancy/child?
¿Es este su primer embarazo/niño?

Do you normally deliver quickly?
¿Normalmente da Usted a luz rapidó?

How far apart are you contractions?
¿Que tan retiradas son sus contracciónes una de otra?   **See TIMES**

Do you want a pain killer?
¿Quiere Usted algo para el dolor?

Do you want to have a natural childbirth?
¿Quiere tener un parto natural?

　　(don't) push   (no) empuje

You are going to need a cesarian section.
Usted va a necesitar cesaria.

It's a boy/a girl/twins.
Es un niño/una niña/gemelos.

　　PATIENT: paciente

　　I think I may be pregnant.
　　Yo pienso que estoy embarazada.

　　I would like to have a pregnancy test.
　　Quiciera tener una prueba de embarazo.

　　I am ... weeks/months pregnant.
　　Tengo ... semanas/meses de embarzo.

　　My water broke.
　　Se me rompio la bolsa de agua.

I've been having contractions ... minutes apart.
Estoy teniendo contracciónes cada ... minutos.

I have had a miscarriage/abortion.
Yo tuve un malparto/aborto.

I want to have an abortion.
Quiero tener un aborto.

'It's a good thing you brought the "Do You Speak Doctor?" book.'
'Es una buena idea que trajiste el libro de "¿Habla Usted Médico?"'

GYNECOLOGY: ginecología

See EXAMINATION or
FEMALE MEDICAL HISTORY

PROVIDER: proveedor

I am going to examine your breasts.
Voy a revisar sus pechos.

Have you noticed any discharge coming from your nipples?
¿Ha notado Usted alguna descarga de sus pezónes?

Show me where the lump is?
¿Muestreme donde está el bulto?

Please place your right/left hand above your head.
Por favor ponga su mano derecha/izquierda sobre su cabeza.

Place your hands on your waist and lean forward.
Ponga sus manos en la cintura e inclinese hacia adelante.

Place your feet in the stirrups.
Ponga sus pies en los estribos.

Move your bottom down further.
Muevase hacia abajo.

You will feel my fingers first.
Usted va a sentir mis dedos primero.

I am going to place a septum in your vagina.
Voy a poner un septo dentro de su vagina.

You may feel a slight cramp.
Va a sentir un calambre pequeño.

I am going to do a pelvic exam.
Le voy a examinar su pelvis.

PATIENT: paciente

I am due for a pap smear.
Vengo para un examen de cancer cerviz.

It has been ... months/years since my last pap smear.
Hace ... meses/años desde mi último examen de cancer cerviz.

I last had an abnormal pap smear ... months/years ago.
Yo tuve un examen anormal hace ... meses/años.

I would like some birth control pills.
Me gustaría que me diera pastillas para el control de natalidad.

I would like some form of birth control.
Me gustaría tener algun tipo de control de natalidad.

I have a lump in my breast.
Yo tengo un bulto en mis pechos.

I have had it for ...
Lo he tenido por ...

I have period pains.
Tengo dolores menstruales.

I haven't had my period for ... months.
Hace ... meses que no tengo reglas.

'Sorry ladies we're running a little behind today.'
'Lo siento señoras, estamos un poco atrás hoy.'

HEAD: cabeza

PROVIDER: proveedor

How does your head feel?
¿Cómo se siente de su cabeza?

Do you remember what happened?
¿Recuerda la que ocurrio?

Is your memory good?
¿Tiene buena memoria?

Do you have any pain in your head?
¿Tiene algun dolor en su cabeza?

Did you fall?
¿Se cayó Usted?

Did you lose consciousness?
¿Ha perdido el sentido?

Did you faint?
¿Se desmayó?

Have you ever had fainting spells?
¿Ha tenido Usted desvanesimiento?

Have you ever had dizzy spells?
¿Ha tenido Usted ataques de mareo?

Do you feel like there is a lot of pressure?
¿Siente Usted como si tuviera mucha presión?

Were you in an accident?
¿Estubo Usted en un accidente?

Were you in a fight?
¿Estubo Usted en una pelea?

Were you hit/kicked?
¿Fue Usted golpeado/pateado?

PATIENT: paciente

I feel very dizzy.
Me siento muy mareado.

I have an intense pain here.
Tengo un dolor muy intenso aquí.

My head is pounding/throbbing.
Mi cabeza me palpita.

I was hit/kicked.
Fui golpeado/pateado.

I fell/was in an accident.
Estube en un accidente.

I don't know why my head hurts.
No se por qué me duele la cabeza.

I can't remember anything.
No puedo recordar nada.

EYES: ojos

See OPTICIAN

PROVIDER: proveedor

Look ...   Mire ...

    straight ahead   hacia adelante
    down   abajo
    up   arriba
    at your nose   a su nariz
    at me   a me
    at the wall   a la pared

Follow my finger.
Siga mi dedo.

Can you see my fingers?
¿Puede Usted ver mis dedos?

How many fingers can you see?
¿Cuántos dedos puede ver?

Do you sometimes see things double?
¿Ve las cosas doble algunas veces?

Can you see clearly?
¿Puede Usted ver claramente?

Is your vision cloudy?
¿Está su visión nublosa?

Do your eyes water often?
¿Le lagrimean sus ojos amendado?

Can you open your eye(s)?
¿Puede Usted abrir su(s) ojo(s)?

Does it hurt to open your eye(s)?
¿Le duele al abrir su(s) ojo(s)?

Can you blink for me?
¿Puede Usted parparear para mi?

'You're right Sir, you don't need glasses, you need a white stick.'
'Usted está en lo correcto señor, no necesita lentes, Usted necesita un bastón blanco.'

Do you feel something in your eye(s)?
¿Siente Usted algo en su(s) ojo(s)?

Do not try to open it when you awake.
No trate de abrirlo al despertarse.

Did you poke your eye?
¿Se pique su ojo?

You must keep this patch on for ...
Tiene Usted que mantener este parche por ...

You must wash your eye(s) out with this.
Tiene Usted que lavarse su(s) ojo(s) con esto.

PATIENT: paciente

I can only see out of my right/left eye.
Solo puedo ver con mi ojo derecho/izquierdo.

I can't open my eye(s).
No puedo abrir mi ojo(s).

My vision is blurry.
Mi vista está borrosa.

I was hit in the left/right eye.
Me golpearon en el ojo izquierdo/derecho.

I feel like I have something in my eye(s).
Siento algo en mi(s) ojo(s).

I was splashed with gasoline/a chemical.
Fui salpicado con gasolina/una quimica.

I rinsed my eye(s) with water/eye drops.
Me enjuage mi(s) ojo(s) con agua/gotas de los ojos.

I poked my eye.
Me pique mi ojo.

EARS: oídos

PROVIDER: proveedor

Can you hear me clearly?
¿Puede Usted oírme claramente?

Can you hear this/that?
¿Puede Usted oír esto/eso?

Do you normally wear a hearing aid?
¿Usa Usted normalmente un audífono?

Can you hear out of this ear?
¿Puede Usted oír con este oído?

Do you have any ringing in your ear(s)?
¿Tiene Usted algun pitido de su(s) oído(s)?

Has there been any discharge from your ear(s)?
¿Ha tenido alguna descarga de su(s) oído(s)?

Your ear(s) is/are inflamed.
Su oído(s) está/están inflamado(s).

You have a ruptured ear drum.
Usted tiene una ruptura en su tímpano.

Your ears need cleaning.
Sus oídos necesitan limpieza.

You have an ear infection.
Tiene una infección de oído.

I'm going to wash your ear(s) out.
Voy a lavar su(s) oído(s).

PATIENT: paciente

I can't hear out of this ear.
No puedo oír con este oído.

I can't hear anything.
No puedo oír nada.

My ear(s) is/are ringing.
Mi oído(s) me suenan.

My ear(s) has/have hurt for ... days/weeks/months.
Mi(s) oído(s) me ha(n) dolido por ... días/semanas/meses.

My ear is bleeding.
Mi oído está sangrando.

I have a discharge coming out of my ear(s).
Tengo una descarga que viene de mi(s) oído(s).

I have been using ear drops.
He estado usando gotas para los oídos.

I wear a hearing aid.
Yo uso un audífono.

I have lost my hearing aid.
Yo perdí mi audífono.

My hearing aid is broken.
Mi audífono se quebró.

NOSE, THROAT, AND MOUTH: nariz, garganta, y boca

See HEART, CHEST, AND LUNGS
or DENTIST

PROVIDER: proveedor

Do you sneeze/cough often?
¿Usted estornuda/tóse a menudo?

Please cough. Again.
Por favor tosa. Otra vez.

Lean your head back.
Inclinarse su cabeza hacia atrás.

Does it hurt to cough?
¿Le duele al toser?

Does it hurt to open your mouth?
¿Le duele su boca al abrirla?

Does it hurt to swallow/breathe?
¿Le duele al tragar/respirar?

Take a deep breath.
Respire hondo.

Hold it.
Aguantelo.

Breathe normally.
Respire normalmente.

Have you coughed up any phlegm/blood?
¿Escupe flema/sangre?

What color is your phlegm?
¿De qué color es su flema?

Does your throat/tongue/mouth feel swollen?
¿Siente su garganta/lengua/boca hinchados?

Do you have a sore throat?
¿Le arde su garganta?

Your nose is broken.
Su nariz está quebrada.

PATIENT: paciente

I can't breathe out of my nose.
No puedo respirar por mi nariz.

I can't speak.
No puedo hablar.

It is hard to talk/swallow/breathe.
Es difícil a hablar/tragar/respirar.

I have been coughing up blood.
He estado tosiendo con sangre.

My throat/mouth/nose feels swollen.
Mi garganta/boca/nariz se sienten inflamado.

I was hit in the nose/throat/mouth.
Me pegue en la nariz/garganta/boca.

I have sores inside my mouth/throat.
Tengo llagas en mi boca/garanta.

My nose/throat/mouth stings.
Mi nariz/garganta/boca tiene mal escozor.

I think I have broken my nose.
Creo que tengo mi nariz quebrada.

LIMBS: miembros

PROVIDER: proveedor

Let me look at your...
Dejeme mirar su(s) ...

arm(s)	brazo(s)
hand(s)	mano(s)
finger(s)	dedo(s)
thumb(s)	dedo(s) grueso
wrist(s)	muñeca(s)
elbow(s)	codo(s)
leg(s)	pierna(s)
foot(feet)	pie(s)
toe(s)	dedo(s) de pie
knee(s)	rodilla(s)
ankle(s)	tobillo(s)
heel(s)	talón(es)

Grasp my hand(s).
Apriete mi(s) mano(s).

Press your ... against my hand.
Empuje su(s) ... contra mi mano.

    more/less   más/menos

Raise your ...
Levante su(s).

    higher/lower   alto/bajo

Move your ...
Mueva su(s) ...

    again/stop   otra vez/pare

Do you have any strength in your ...?
¿Tiene Usted fuerza en su ...?

Does your ... feel paralyzed?
¿Su(s) ... siente paralizado?

Had you been sleeping on your ...?
¿Ha estado durmiendo en sus ...?

Walk a little way.
Ande un poco.

Are any of your limbs swollen?
¿Están algunos sus miembros inflamadas?

Can you feel this/that?
¿Siente Usted esto/eso?

Your ... is/are broken/sprained.
Su(s) ... está/están quebrados/torcidos.

You will need (a) cast/splint/stitches.
Usted va a necesitar (un) yeso/tablilla/puntadas.

Have you had this swelling long?
¿Ha tenido Usted está hinchazón por mucho tiempo?

    PATIENT: paciente

    I have hurt/cut/broken/sprained my ...
    Me lastimé/corté/quebré/torcido mi(s) ...

    I can't move my ...
    No puedo mover mi(s) ...

    I have a swelling in my ...
    Tengo una hinchazón en mi(s) ...

    I have fluid in my ...
    Tengo un liquido en mi(s) ...

    My nail(s) have turned black/fallen out.
    Mi(s) uña(s) se me pusieron negras/se me cayeron.

    I have arthritis.
    Tengo artritis.

I have no feeling in my ...
No siento mi(s)...

It hurts to move my ...
Me duele al mover mi(s) ...

My ... hurt(s).
Mi(s) ... duele.

It throbs/stings/tingles.
Me palpita/huele/hormiguea.

'He says it's gout'
'El dice que es gota'

STOMACH AND INTERNAL ORGANS: estómago y organos internos

See PELVIS, PUBIC, AND ANAL AREA

PROVIDER: proveedor

Does food make the pain better/worse?
¿Los alimentos le hacen el dolor menos fuerte/peor?

Does urinating make the pain better/worse?
¿Cuándo orina es el dolor menos fuerte/peor?

Does having a bowel movement make the pain better/worse?
¿Al hacer un deposición es el dolor menos fuerte/peor?

Have you experienced any vomiting?
¿Ha experimentado algo de vómito?

Are you still vomiting?
¿Sigue Usted vomitando?

Do you have stomach cramps?
¿Tiene Usted calambres de estómago?

Does eating/drinking make you vomit?
¿El comer/tomar le hace vomitar?

Have you had diarrhea?
¿Ha tenido Usted diarrea?

Does it hurt to urinate/have a bowel movement?
¿Le duele al orinar/hacer un deposición?

Does it hurt to have a bowel movement?
¿Le duele cuando hace un deposición?

Has there been any blood in your urine/bowel movement/vomit?
¿Ha habido sangre en su ornina/deposición/vómito?

What have you eaten/drunk beginning with the most recent?
¿Qué ha comido/tomado empezando con lo más reciente?

Do you know anyone else with the same illness?
¿Conoce Usted alguien más con la misma enfermedad?

I am going to press down on your stomach, tell me if it hurts when I release my hand.
Le voy a apretar el estómago, decirme si le duele cuando quito mi mano.

    PATIENT: paciente

    I have a pain in my stomach.
    Tengo un dolor en mi estómago.

    I have stomach cramps.
    Tengo calambres de estómago.

    I have severe gas.
    Tengo gases severos.

    I have been vomiting for ...
    He estado vomitando por ...

    It hurts when I urinate/have a bowel movement.
    Me duele cuando orino/hago un deposición.

    There is blood in my urine/bowel movement/vomit.
    Hay sangre en mi orina/deposición/vómito.

    I have had diarrhea for ...
    He tenido diarrea por ...

    Food/liquids make the pain better/worse.
    Alimentos/líquidos hacen el dolor menos fuerte/peor.

HEART, CHEST, AND LUNGS: corazon, pecho, y pulmones

See NOSE, THROAT, AND MOUTH

PROVIDER: proveedor

Where are you experiencing pain?
¿Dónde experimenta el dolor?

Are you feeling any pressure in your chest?
¿Siente alguna presión en su pecho?

Do you have a pacemaker?
¿Tiene Usted un marcapaso?

Does it hurt to breathe in/out?
¿Le duele al respirar hacia adentro/afuera?

Your lung has collapsed/been punctured.
Su pulmón está colapsado/perforado.

You have had a heart attack/stroke.
Usted ha tenido un ataque al corazón/ataque fulminate.

Your rib(s) is/are broken.
Su costilla(s) está/están rotas.

> **PATIENT**: paciente
>
> I have a pain in my chest.
> Tengo un dolor en el pecho.
>
> I am having difficulty breathing.
> Tengo dificultad al respirar.
>
> I feel very weak/out of breath.
> Me siento sin fuerza/sin respiración.
>
> I had a heart attack/stroke.
> Tuve un atáque al corazón/ataque fulminate.
>
> I have a pacemaker.
> Tengo un marcapaso.

I have had a by-pass operation.
Había tenido una operación desviada.

My ribs hurt/feel broken.
Me duelen mis costillas/las siento quebradas.

I have asthma.
Tengo asma.

I have been wheezing/coughing.
He estado resollando/tosiendo.

I breathed in water/food.
Respiro agua/comida.

CHECK YOUR HEART RATE

'Don't do it Hammish, your pulse will quicken as soon as you part with the money.'
'No lo hagas Hammish, tu pulso se acelerará tan pronto como lleges a
la parte del dinero.'

BACK, SPINE, AND SHOULDERS: espalda, espinazo, y hombros.

PROVIDER: proveedor

Please don't move.
Por favor no se mueva.

Bend over as far as you can.
Agachese tan lejos como posible.

Did you fall?
¿Se callo Usted?

Were you hit?
¿Se golpeo?

Did you lift anything heavy/awkwardly?
¿Ha alzado algo pesado/torpe?

Does your work require heavy lifting?
¿Tiene que levantar cosas pesados en su trabajo?

Did you sleep awkwardly or in a draft?
¿Ha dormido torpe o en un corriente?

You have a slipped disk.
Tiene un disco descolocado.

You need to sleep on a hard/soft surface.
Necesita dormir sobre una superficie duro/suave.

You need a ... brace.
Necesita un refuerzo para ...

    PATIENT: paciente

    I can't move/walk.
    No me puedo mover/andar.

    I can't bend over.
    No me puedo agachar.

I can't lift anything.
No puedo levantar nada.

I have a constant ache here.
Tengo un dolor constante aquí.

My shoulder came out of it's socket.
Mi hombro está dislocado.

I can't feel my ...
No siento mi(s) ...

'Is there anybody who did **not** have the curry last night?'
'¿Hay alguien que **no** tenido el cari la noche pasada?'

PELVIS, PUBIC, AND ANAL AREA: pelvis, región púbico, y región anal

See STOMACH AND INTERNAL ORGANS

PROVIDER: proveedor

Please bend over and spread your legs/cheeks.
Por favor agachese y abra sus piernas/nalgas.

Are you constipated?
¿Está Usted estreñido?

When was your last bowel movement?
¿Cuándo fue la última vez de deposición?

How frequently do you normally urinate/have a bowel movement?
¿Cada cuánto tiempo normalmente orina/hace un deposición?

You have hemorrhoids.
Usted tiene hemorroides.

Please cough.
Por favor tósa.

You have a hernia.
Usted tiene una hérnia.

Does it burn or sting when you urinate?
¿Le arde o huele cuando orina?

Do you urinate involuntarily?
¿Orina Usted involuntariamente?

When did you last urinate/have a bowel movement?
¿Cuándo fue la última vez que orina/hace un deposición?

What color has your urine/stool been?
¿De qué color a sido su orines/deposiciónes?

We will need a urine/stool sample.
Vamos a necesitar una muesta de orina/deposición.

PATIENT: paciente

I have been constipated for ...
Ha estado estreñido por ...

My last bowel movement was ... ago.
La última vez que tuve una deposición fue ... hace.

I have hemorrhoids.
Tengo hemorroides.

I urinate slightly every time I cough.
Orino un poco cada vez que toso.

I have no control over my bowel movements/when I urinate.
No tengo control sobre mis deposiciónes/cuando orino.

It burns/stings/hurts when I urinate/have a bowel movement.
Me quema/huele/duele cuando orino/tengo deposiciónes.

I think I have venereal disease.
Creo que tengo enfermedad venérea.

There is blood in my urine/stool.
Hay sangre en mi orina/deposición.

SKIN AND HAIR: piel y pelo

PROVIDER: proveedor

Have you been exposed to wet weather/cold/sun/heat?
¿Ha estado Usted expuesto a humeda/frio/sol/calor?

Did you burn yourself?
¿Se quemo Usted?

It is a rash/insect bite/allergic reaction.
Es un sarpullido/picadura de insecto/reacción alergica.

Don't scratch/touch/rub.
No se rasque/toque/frota.

Do you have allergies that you know of?
¿Tiene Usted alguna alergia que conozca?

Have you ever been tested for allergies?
¿Ha sido Usted probado para alergias?

Have you changed your diet?
¿Ha cambiado Usted su dieta?

What have you eaten/drunk in the last ... hours/days?
¿Qué comió Usted/bebió en la última ... horas/días?

Are you nervous or worried about anything?
¿Está Usted nervióso o preocupado por algo?

   PATIENT: paciente

   I have a severe sun burn.
   Tengo quemaduras del sol severo.

   I have a rash/scab on my ...
   Tengo sarpullido/costra en mi(s) ...

   I have a growth/scar here.
   Tengo un tumor/cicatriz aquí.

The skin here has changed color.
La piel aquí ha cambiado de color.

My skin is very raw/itchy/sore/pale/splotchy/red.
Mi piel está muy vivo/que pica/doloroso/pálido/manchado/rojo.

I have these swellings on my ...
Tengo unas hinchazónes en mi(s) ...

My skin has been peeling abnormally.
Mi piel ha estado despellejando anormalente.

I can't stand the itching.
No aguanto el picor.

My skin is cracked/dry.
Mi piel está agrietada/reseca.

My hair is falling out abnormally.
Mi pelo se me está cayendo anormalente.

My hair has become very dry/brittle.
Mi pelo se ha vuelto muy reseco/quebradizo.

I have been using a cream/lotion on my skin.
Yo he estado usando una crema/loción en mi piel.

TREATMENT/DIAGNOSIS: tratamiento/diagnosis

You have ...
Usted tiene ...

See ILLNESSES/DISEASES/AILMENTS

There doesn't appear to be anything wrong.
Parece que no hay nada malo.

There is no cure/treatment for this.
No hay cura/tratamiento por eso.

It's nothing serious.
No es nada serio.

It is nothing to be worried about.
No es nada para preocuparse.

You will be much better.
Usted estará mucho mejor.

It's (not) contagious.
(No) Es contagioso.

It is normal in this climate/at your age.
Es normal en este clima/a su edad.

It will clear up on it's own in about ... days/weeks.
Se limpiará solo en cerca de ... días/semanas.

You will need further examination/treatment/observation/therapy.
Usted va a necesitar más examen/tratamiento/observación/terapia.

You will need radiation therapy.
Usted va a necesitar terapia de radiación.

An operation will be necessary.
Tendrá que operarse.

We will operate ...
Lo operaremos ...

Follow these instructions.
Siga estas instrucciónes.

This is very important.
Esto es muy importante.

I'll prescribe a(n) ...
Le voy a recetar un ...

You are going to need a(n) ...
Usted va a necesitar una ...

You need to relax/calm down.
Usted necesita relajarse/calmarse.

I am going to sedate you.
Voy a sosegar Usted.

I am going to remove your ...
Voy a sacar su ...

Keep very quiet.
Mantengase muy cayado.

You must not speak.
Usted no debe hablar.

Don't move.
No se mueva.

You have broken your ...
Usted tiene quebrado su ...

It's ...   Está ...

    benign   benigno
    cut   cortado
    broken   roto
    sprained   torcido
    dislocated   dislocado
    torn   desgarrado
    infected   infectado
    burned   quemada

Bed rest for ... days/weeks.
Necesita quedarse en la cama por ... días/semanas.

You need to lay on a flat hard surface.
Usted necesita tenderse en plana dura superficie.

Do not lift anything that weighs more than ... pounds/kilos.
No alza nada que pesa más de ... libras/kilos.

Use your ... as little as possible.
Use su(s) ... tan poco con posible.

You must not have sexual relations for ... days/weeks.
Usted no debe tener relaciónes sexuales por ... días/semanas.

You must be very careful.
Tiene que tener mucho cuidado.

Rub this into the infected area.
Frote esto en la área infectada.

You must not eat .../drink ...
Usted no debe comer .../beber ...

You need to change your diet.
Usted necesita cambiar su dieta.

You must/must not ... for ... days/weeks.
Usted debe/Usted no debe ... por ... días/semanas.

brush/floss	limpiar/use seda floja
bathe/bath/shower	banarse/baño/ducharse
bathe with ...	bañarse con ...

sponge	esponga
salt	sal
bran	salvado
soda	carbonato
hot water	agua caliente
cold water	agua frio
warm water	agua templada
alcohol	alcohol
this cream	esta crema
soap	jabón

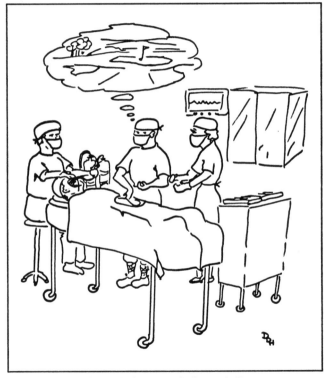

'Number five iron, er ... make that a scalpel.'
'Palo de hierro número cinco, e ... un escalpelo.'

Don't use much.
No use mucho

Use a lot.
Use mucho.

Stay in the bath for at least ... minutes/hours.
Estése en el baño por lo menos ... minutos/horas.

Change the bandage every ... hours/days.
Cambie las bendas cada ... horas/días.

Eat ice cream.
Coma helado.

Eat only liquid/solid foods.
Coma solo alimentos liquidos/sólidos.

Drink plenty of fluids.
Bebe abundancia de fluido.

In ... days you may eat liquid/solid foods.
En unos ... días Usted puede comer alimentos liquidos/solidos.

You must not travel for ...
Usted no debe viajar por ...

Come back on .../come back at ...
Regrese en .../regrese a las ...

MEDICATION/DOSAGE: medicación/dosis

PROVIDER: proveedor

I will give you something for your ...
Le voy a dar Usted algo para su(s) ...

Here is a prescription.
Aquí está una receta.

Take all the medication until it is gone.
Tome toda la medicina hasta que no halla más.

You can have this prescription filled ...
Usted puede llenar esta receta ...

> downstairs/upstairs/down the hall/room number ...
> en el piso de abajo/en el piso de arriba/abajo en el pasillo/
> cuarto número ...

> at the nearest pharmacy (chemist)
> en la farmacia (quimico) más cercana

drop	vierta gotas
take	tome
gargle	haga gárgaras
rinse	enjuage
inject	inyecte
use	use

drop(s)	gota(s)
pill(s)	pastilla(s)
teaspoon(s)	cucharaditas
medicine	medicina
ointment	ungüento
cream	crema
orally	oral
anally	anal
vaginally	vaginal
with food/water	con alimentos/agua
... times per day	... veces por dia

Don't chew it/you must swallow them whole.
No lo mastique/debe tragármelas enteras.

Mix this powder with ...
Mezcle este polvo con ...

Swallow small pieces at a time.
Trágelo por pedacitos a una vez.

Swallow small pieces of ice.
Trage pedacitos de hielo.

Here is some/more medicine.
Aquí está algo/más de medicina.

Take this with water/food.
Tome esto con agua/alimento.

>   **PATIENT:** paciente
>
>   Could you please write that for me?
>   ¿Por favor puede escribir eso por mí?
>
>   Can I have a prescription?
>   ¿Puedo tener una receta?
>
>   Can you prescribe ...?
>   ¿Puede recetarme ...?
>
>   Will I need to take this starting today?
>   ¿Necesitaré tomar esto empezando hoy?
>
>   Can I have an extra dosage?
>   ¿Puedo tener una dosis extra?
>
>   Can I have it in pill/liquid form?
>   ¿Puedo tenerla en píldora/forma líquida?
>
>   Can I chew these?
>   ¿Puedo masticar esto?
>
>   When do I need to take this?
>   ¿Cuándo necesito tomar esto?

Will there be any side effects?
¿Habrá algunos efectos secundarios?

Will this make me drowsy?
¿Esto me hará sentir adormilado?

Can I take this with my current medication?
¿Podria tomar esto con mi medicina que estoy tomando ahora.?

I can't use it.
Yo no lo puedo usar.

I won't use/take ...
Yo no lo voy a usar/tomar ...

This is my usual medicine.
Esta es la medicina que tomo normalmente.

I prefer ...
Yo prefiero ...

Where can I get some medicine?
¿Dónde puedo conseguir alguna medicina?

Where can I fill this prescription?
¿Dónde puedo surtir está receta?

Can I travel?
¿Puedo viajar?

PHARMACY (CHEMIST): farmacia (quimico)

PROVIDER: proveedor

Do you need this filled immediately?
¿Necesita Usted surtir esta immediatamente?

What is your doctors name?
¿Cuál es el nombre de su médico?

We will need to check with your doctor before we can refill this.
Necesitamos chequear con su médico antes de surtir esto.

I am going to call him/her.
Voy a llamar a el/ella.

It usually takes ... hours/days before we get an answer.
Usualmente se toma ... horas/días antes de tener una respuesta.

This is for external use only.
Esta es solo para uso externo.

These will make you drowsy.
Esto lo hará sentir adormilado.

Do not drive or operate any heavy equipment while taking this
medication.
No maneje o hace funcionar con ningun equipo pesado mientras está
tomando esto medicamento.

Do not drink any alcohol while on this medication.
No tome bebidas alcoholicas mientras está tomando este medicamento.

Take this one (only) with food or milk.
Tome esto (solamente) con alimentos o leche.

You can pick this up at ... o'clock.
Usted puede recojerlo esto a las ... en punto.

You can pick this up in about ... minutes/hours.
Usted puede recojerlo esto al rededor de ... minutos/horas.

You can wait for this, it won't be long.
Puede Usted esperar por esto, no toará mucho tiempo.

You will need a new/another prescription.
Usted necesitará una nueva/otra receta.

Your prescription has expired.
Su receta está vencida.

There are no more refills.
No hay más recetas.

PATIENT: paciente

Can I have this prescription filled?
¿Puedo llenar esta receta?

Can I have it without a prescription?
¿Puedo obtenerlo sin receta?

I need a refill on this prescription.
Necesito surtir esta receta.

How long will it take?
¿Cuánto tiempo tardar?

Shall I wait?
¿Tengo que esperar?

Can I come back for it later?
¿Puedo regresar más tarde?

Could I have ... boxes/bottles please?
¿Puedo tener ... cajas/botellas por favor?

Do you have/ ...brand?
¿Tiene Usted .../marca ...?

I would like them put in a box/bag/bottle/plastic bottle please.
Me los puede poner en una caja/bolsa/botella/botella de plastico por favor.

FEES/PAYING: honorarios/pago

CLERK: empleado

What is your name?
¿Cuál es su nombre?

What was your room number?
¿Cuál sera el número de su cuarto?

Do you have health insurance?
¿Tiene Usted seguros?

Would you fill in this health insurance form, please?
¿Quiere llenar esta hoja de seguro, por favor?

Who are you covered by?
¿Por quién está Usted cubierto?

Do you have an account with us?
¿Tiene Usted cuenta con nosotros?

Have you been seen here before?
¿Ha sido Usted visto aquí antes?

There will be a first visit processing fee of ...
Hay honorarios de procedimiento de primera visita de ...

Here is your bill.
Aquí está su cuenta.

Here is a breakdown of your bill.
Aquí está un analisis de su cuenta.

We accept (only) ...
Nosotros aceptamos (solo) ...

certified checks	cheques certificados
money orders	giros postales
local currency	moneda local
credit cards	tarjetas de credito
cash	dinero en efectivo
personal checks	cheques personales

Here is your receipt.
Aquí está su recibo.

Do you have some identification?
¿Tiene Usted alguna identificación?

Our records show you were ...
Nuestros registros indican que Usted estubo ...

     in bed number ...   en la cama número ...
     in room number ...   en el cuarto número ...

for ... day(s)   por ... días

     PATIENT: paciente

     How much do they cost?
     ¿Cuánto cuesta esos?

     How much is it (altogether)?
     ¿Cuánto es (todo junto)?

     That is too much.
     Eso es demasiado mucho.

     That is just fine.
     Eso está bien.

     I have health insurance.
     Yo tengo seguros.

     I am covered by ...
     Estoy cubierto por ...

     Here is my insurance card.
     Aquí está la tarjeta de mi seguro.

     May I pay with cash/travellers checks/personal check/credit card?
     ¿Puedo pagar al contado/cheques de viajero/tarjeta de credito?

     May I have a receipt please?
     ¿Puede darme un recibo por favor?

I don't have any money.
No tengo dinero.

I will need to get some (more) money.
Necesito obtener (más) dinero.

I am expecting some money from home/the bank.
Estoy esperando algo de dinero de la casa/del banco.

Do I pay now or will you send me the bill?
¿Pago ahora o me envia Usted la cuenta?

Do you accept ...?
¿Acepta Usted ...?

I would like to see the bill please.
Me gustaría ver la cuenta por favor.

I would like to see a breakdown of the charges please.
Puedo ver un analisis de los precios por favor.

What are your fees?
¿Cuáles son sus pagos?

Do you have a payment plan?
¿Tiene Usted un plan de pagos?

May I pay in payments?
¿Puedo pagar a plazos?

Must I pay in advance?
¿Debo pagar por adelatado?

May I pay in advance?
¿Puedo pagar por adelantado?

What will the total cost be?
¿Cuál sera el costo total?

What do you estimate the cost to be?
¿Cuál sera el costo estimado?

Who do I make the check out to?
¿A nombre de quién hago el cheque?

Here is my identification.
Aquí está mi identificación.

I have lost my identification.
Perdí mi identificación.

These charges are too high.
Estos precios son muy altos.

I was not seen for this/that.
Yo no fui visto por esto/eso.

This is not my bill.
Esta no es mi cuenta.

You have made a mistake.
Usted ha hecho un error.

I was not here for ...
Yo no estuve aquí por ...

I would like to speak to someone ...
Me gustaría hablar con alguien ...

in charge	encargado
who speaks English	quién habla inglés

I was seen by ...
yo fui visto por ...

doctor ...	médico ...
nurse ...	enfermera ...
specialist ...	especialista ...

I've already paid for it.
Ya he pagado por ello.

Here is my receipt.
Aquí está mi recibo.

Can I have a medical certificate?
¿Puede darme un certificado médico?

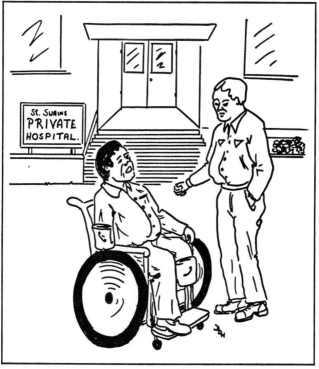

'I'll say it's expensive, cost me an arm and a leg.'
'Yo diré que es caro, me costo un brazo y una pierna.'

ILLNESSES/DISEASES/AILMENTS: enfermedades/dolencias

abrasion	abrasión
abscess	absceso, flemón
acne	acné
aids	sida
allergy	alergia
anemia	anemia
anemic	anémico
angina	angina
ant bite	picadura de hormiga
anxiety	ansiedad
appendicitis	apendicitis
arthritis	artritis
asthma	asma
attack	acceso, ataque
backache	dolor de espalda
bacteria	bacteria
biliousness	exceso de bilis
bite	mordedura
bite (insect)	picadura
bleeding	sangraento
bleeding tendency	tendencia a sangrar
blister	ampolla
blood blister	ampolla de sangre
boil	furúnculo
bronchitis	bronquitis
bruise	cardenal
burn	quemadura
by-pass	operación desviada
cancer	cáncer
cataracts	cataratas
chicken pox	varicela
chill	enfriamiento
chills	escalofríos
cholera	cólera
cold	resfriado
cold sore	ampolla del labio
colic	cólico
compound fracture	fractura abierta
concussion	concusión
congestion	congestión
constipation	estreñimiento

convulsion	convulsión
corn	callo
cough	tos
crabs	ladillas
cramp	calambre
cut	cortada
dandruff	caspa
dependency	dependencia
depression	depresión
diabetes	diabetes
diarrhoea	diarrea
diphtheria	difteria
dizziness	mareo
dog bite	mordedura de perro
dysentery	disentería
earache	dolor de oído
epilepsy	epilepsia
exhaustion	extenuación
fainting spells	lipotimia
fatigue	fatiga
fever	fiebre
fever blister	ampolla del labio
fit	ataque
flea bite	picadura de pulga
flu	gripe
food poisoning	intoxicación por alimentos
fracture	fractura
gangrene	gangrena
gastritis	gastritis
German measles	rubéola
gingivitis	gingivitis
glaucoma	glaucoma
gonorrhea	gonorrea
gout	gota
gravel	arenillas
graze	raspadura
growth	tumor
hang over	cruda
hay fever	fiebre del heno
headache	dolor de cabeza
heart attack	ataque al corazón
heart burn	acedía
heart disease	enfermedad del corazón

heart murmur	rumor cardíaco
hemorrhage	hemorragia
hemorrhoids	hemorroides
hernia	hernia
herpes	herpe
high blood pressure	presión sanguínea elevada
hoarse	ronco
hypertension	tensión alta
hypotension	tensión baja
illness	enfermedad
indigestion	indigestión
infection	infección
inflammation	inflamación
influenza	gripe
insomnia	insomnio
itch	picor
jaundice	ictericia
kidney disease	enfermedad del riñón
laryngitis	laringitis
lead poisoning	envenenamiento con plomo
leprosy	lepra
lice	piojos
liver disease	enfermedad del hígado
lump	bulto
malaria	malaria
measles	sarampión
menopause	menopausia
mental disease	enfermedades mentales
migraine	jaqueca
mole	lunar
morning sickness	vómitos por la mañana
mosquito bite	mordida de mosquito
mumps	paperas
nausea	náusea
nervous breakdown	crisis nerviosa
nervous disease	enfermedades nerviosas
nervous tension	tensión nerviosa
nervous twitch	tic nervioso
nosebleeds	hemorragia nasal
pains	dolores
paralysis	parálisis
paralyzed	paralizado
palpitations	palpitaciónes

parasite	parásito
piles	hemorroides
pimples	granos
pink eye	conjuntivitis
pleurisy	pleuresía
pneumonia	pulmonía
poison ivy	hiedra venenosa
poison oak	zumaque venenoso
pressure	tensión
pus	pus
rash	sarpullido
rheumatic fever	fiebre reumática
rheumatism	reumatismo
ringworm	tiña
scabies	sarna
scald	escaldadura
scarlet fever	escarlatina
scratch	arañazo
senile	senil
shock	choque
shortness of breath	brevedad del aliento
smallpox	viruela
sore	llaga
sore throat	dolor de garganta
spasm	espasmo
spider bite	picadura de araña
splinter	astilla
spotted fever	tabardillo pintado
sprain	torcedura
stiff neck	tortícolis
sting	picada
stomach ache	dolor de estómago
stress	tensión
stroke	ataque fulminate
stuffy nose	nariz tapado
sun burn	quemaduras del sol
sun stroke	insolación
swelling	hinchazón
syphilis	sífilis
tape worm	tenia
temperature	fiebre
tension	tensión
tonsillitis	tonsilitis

tooth ache	dolor de diente
trauma	trauma
travel sickness	mareo
tuberculosis	tuberculosis
typhoid fever	tifoidea
typhus fever	tifus
ulcer	úlcera
unstable joints	articulaciónes inestables
upset stomach	molestias de estómago
vaginal bleeding	hemorragia vaginal
venereal disease	enfermedad venérea
virus	virus
vomiting	vómito
wart	verruga
whip lash	daño del cuello
whooping cough	tos ferina
worry	preocupación
wound	herida
yeast infection	infección vaginal

MEDICAL ITEMS: artículos médicos

abrasive/non-abrasive	abrasivo/no abrasivo
adhesive bandages	vendages abrasivos
antibiotic	antibiótico
anti-depressant	anti-depresivos
antiseptic	antiséptico
antiseptic cream	crema antiséptica
aspirin	aspirina
bandage	venda
bed	cama
bed pan	silleta
blanket	manta
... brace	refuerzo para ...
braces (teeth)	aparato
cane	bastón
cast	yeso
cold pack	bolsa fria
condom	condom
contact lenses	lentes de contacto
contraceptive	anticonceptivo
cotton	algodón
cough drops	pastillas para la tos
cream	crema
crown	corona del diente
crutch	muleta
denture	dentadura
disinfectant	desinfectante
dose	dósis
dressing	vendaje
ear drops	gotas para los oídos
elastic bandage	venda elástica
enema	enema
eye drops	gotas para los ojos
filling	empaste
first aid kit	botiquín
floss	seda floja
gas	gas
gauze	gasa
glasses	lentes
hot pack	bolsa caliente
inhalant	inhalación
insect repellent	loción contra los insecto.

I.V. (intravenous)	intravenoso
iodine	yodo
laxative	laxante
liquid medicine	medicina líquido
mouth wash	gargarismo
needle	aguja
nose drops	gotas nasales
ointment	ungüento
penicillin	penicilina
pill	píldora
plaster	emplasto
plaster (bandaid)	esparadrapo
poultice	cataplasma
prescription	receta
remedy	remedio
sanitary napkins	paños higiénicos
sedative	sedativo
sleeping pills	somnífero
sling	cabestrillo
soap	jabón
splint	tablilla
stretcher	camilla
sun screen	crema bronceadora
suppositories	supositorios
tampons	tampónes
thermometer	termómetro
throat lozenges	pastillas para la garganta
tissues	tejidos
toilet paper	papel higiénico
toothbrush	cepillo de dientes
toothpaste	pasta dentífrica
tourniquet	torniquete
tranquilizer	tranquilizante
travel sickness tablets	tabletas contra mareo
truss	braguero
tube	tubo
ultra sound	ultrasonido
vaccine	vacuna
vaccination	vacunación
vitamins	vitaminas
walker	andador
wheel chair	silla de ruedas
x-ray	radiografía

PARTS OF THE BODY: partes del cuerpo

abdomen	abdomen
ankle	tobillo
anus	ano
appendix	apéndice
arm	brazo
armpit	axila
artery	arteria
back	espalda
belly	vientre
bladder	vejiga/vesícula
blood	sangre
blood vessel	vaso sanguíneo
body	cuerpo
bone	hueso
bowel	intestino
brain	cerebro
breast	pecho
calf	pantorrilla
capillary	capilar
cartilage	cartílago
cervix	cerviz
chest	pecho
chin	barbilla
collar-bone	clavícula
cornea	córnea
cuticle	cutícula
ear	oído
ear drum	tímpano
elbow	codo
eye	ojo
eyebrow	ceja
eyelashes	pestañas
eyelid	párpado
face	cara
fat	gordo
film (eye)	nube
finger	dedo
fist	puño
flesh	carne
foot	pie
forearm	antebrazo

forehead	frente
foreskin	prepucio
freckle	peca
gall-bladder	vesícula biliar
gland	glándula
groin	ingle
gums	encías
hair	pelo
hand	mano
head	cabeza
heart	corazón
heel	talón
hip	cadera
intestines	intestinos
jaw	mandíbula
joint	articulación
kidney	riñón
knee	rodilla
knee cap	rótula
knuckle	nudillo
lap	rodillas
larynx	laringe
leg	pierna
ligament	ligamento
limb	miembro
lip	labio
liver	hígado
lobe	lóbulo
lung	pulmón
marrow	médula
membrane	membrana
molar	muela
mouth	boca
muscle	músculo
nail	uña
navel	ombligo
neck	cuello
nerve	nervio
nervous system	sistema nervioso
nipple	pezón
nose	nariz
nostril	ventana de la nariz
palate	paladar

palm	palma
pancreas	páncreas
pelvis	pelvis
penis	pene
prostate	postrado
pubic area	región púbico
pupil	pupila
rib	costilla
saliva	saliva
scalp	cuero cabelludo
shin	espinilla
shinbone	tibia
shoulder	hombro
shoulder blade	paletilla
side	lado
sinus	seno
skin	piel
skull	cráneo
sole	planta
spinal cord	médula espinal
spine	columna
sternum	esternón
stomach	estómago
teeth	dientes
temple	sien
tendon	tendón
testicles	testículos
thigh	muslo
throat	garganta
thumb	dedo pulgar
tissue	tejido
toe	dedo del pie
tongue	lengua
tonsils	amígdalas
tooth	diente
umbilical cord	cordón umbilical
uterus	útero
vagina	vagina
vein	vena
vertebra	vértebra
waist	cintura
wisdom tooth	muela del juicio
wrist	muñeca

TIMES: tiempo

before/after/during	antes/después/durante
meals	comidas
sleeping	dormiendo
breakfast	desayuno
lunch	almuerzo
dinner	cena
eating	comiendo
drinking	bebiendo
morning	mañana
noon	mediodía
night	noche

in the ...	por ...
daytime	el día
nighttime	la noche
early morning	la mañana
late evening	la tarde

at ...	para ...
noon	mediodía
bedtime	tiempo para dormir
night	la noche
am	antes de mediodía
pm	antes de media noche
one o'clock	la una
one thirty	la una y media
two o'clock	las dos
two thirty	las dos y media
three o'clock	las tres
three thirty	las tres y media
four o'clock	las cuatro
four thirty	las cuatro y media
five o'clock	las cinco
five thirty	las cinco y media
six o'clock	las seis
six thirty	las seis y media
seven o'clock	las siete
seven thirty	las siete y media

eight o'clock	las ocho
eight thirty	las ocho y media
nine o'clock	las nueve
nine thirty	las nueve y media
ten o'clock	las diez
ten thirty	las diez y media
eleven o'clock	las once
eleven thirty	las once y media
twelve o'clock	las doce
twelve thirty	las doce y media

on

el día

Monday	lunes
Tuesday	martes
Wednesday	miércoles
Thursday	jueves
Friday	viernes
Saturday	sábado
Sunday	domingo

(Use with months only)

1st:	primero
2nd:	dos
3rd:	tres
4th:	cuatro
5th:	cinco
6th:	seis
7th:	siete
8th:	ocho
9th:	nueve
10th:	diez
11th:	once
12th:	doce
13th:	trece
14th:	catorce
15th:	quince
16th:	dieciséis
17th:	diecisiete
18th:	dieciocho
19th:	diecinueve
20th:	veinte
21st:	veintiuno

22nd: veintodós
23rd: veintitrés
24th: veinticuatro
25th: veinticinco
26th: veintiséis
27th: veintisiete
28th: veintiocho
29th: veintinueve
30th: treinta
31st: treinta y uno

January	enero
February	febrero
March	marzo
April	abril
May	mayo
June	junio
July	julio
August	agosto
September	septiembre
October	octubre
November	noviembre
December	diciembre
this year	este año
next year	proximo año
in the spring	en la primavera
in the summer	en el verano
in the autumn	en el otoño
in the winter	en el invierno
every minute	cada minuto
every other minute	cada otro minuto
twice a minute	dos veces por minuto
... times a minute	... veces por minuto
every half hour	cada media hora
every hour	cada hora
every other hour	cada otra hora
... times an hour	... veces por hora
every day	cada día
every other day	cada otro día
twice a day	dos veces por día
... times a day	... veces por día

every week	cada semana
every other week	cada otra semana
... times a week	... veces por semana
every month	cada mes
every other month	cada otro mes
... times a month	... veces por mes
every year	cada año
every other year	cada otro año
... times a year	... veces por año
yesterday	ayer
last week	la semana pasada
last month	el mes pasado
last year	el año pasado
... seconds ago	... hace unos segundos
... minutes ago	... hace unos minutos
... days ago	... hace unas días
... hours ago	... hace unas horas
... weeks ago	... hace unas semanas
... months ago	... hace unos meses
... years ago	... hace unos años

When you feel you need it.
Cuando Usted sienta que lo necesita

After ... has gone by.
Después ... se ha ido por.

As soon as possible.
Cuanto antes.

now	ahora
today	hoy
tomorrow	mañana
day after tomorrow	pasado mañana
in ... seconds	en ... segundos
in ... minutes	en ... minutos
in ... hours	en ... horas
in ... days	en ... días
in ... weeks	en ... semanas
in ... months	en ... meses
in ... years	en ... años

COLORS: colores

beige	beige
black	negro
blue	azul
brown	marrón
cream	crema
gold	oro
green	verde
grey	gris
orange	naranja
pink	rosa
purple	púrpura
red	rojo
silver	plata
turquoise	turquesa
white	blanco
yellow	amarillo

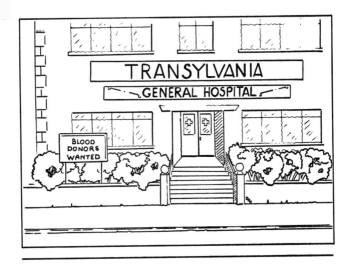

NUMBERS: números

0:	cero
1:	uno
2:	dos
3:	tres
4:	cuatro
5:	cinco
6:	seis
7:	siete
8:	ocho
9:	nueve
10:	diez
11:	once
12:	doce
13:	trece
14:	catorce
15:	quince
16:	dieciséis
17:	diecisiete
18:	dieciocho
19:	diecinueve
20:	veinte
21:	veintiuno
22:	veintidós
23:	veintitrés
24:	veinticuatro
25:	veinticinco
26:	veintiséis
27:	veintisiete
28:	veintiocho
29:	veintinueve
30:	treinta
40:	cuarenta
50:	cincuenta
60:	sesenta
70:	setenta
80:	ochenta
90:	noventa
100:	cien
150:	ciento cincuenta
200:	doscientos
250:	doscientos cincuenta

300:	trescientos
400:	cuatrocientos
500:	quinientos
600:	seiscientos
700:	setecientos
800:	ochocientos
900:	novecientos
1,000:	mil
2,000:	dos mil
3,000:	tres mil
4,000:	cuatro mil
5,000:	cinco mil
6,000:	seis mil
7,000:	seite mil
8,000:	ocho mil
9,000:	nueve mil
10,000:	diez mil

1st:	primero
2nd:	segundo
3rd:	tercero
4th:	cuarto
5th:	quinto
6th:	sexto
7th:	séptimo
8th:	octavo
9th:	noveno
10th:	décimo

SECCIÓN ESPAÑOL -INGLÉS

SPANISH-ENGLISH SECTION

'Actually he's a fully qualified MD with a PhD but he does this to impress the tourists.'
'Actualmente el es un MD completamente calificado pero el hace esto para
impresionar a los turistas.'

'Por Dios no le pregunte a ella comó está, Usted tendrá su historia médica
en inglés y español.'
'For goodness sake don't ask her how she is, you'll get her medical history in
English and Spanish.'

FRASES BÁSICAS: basic phrases

Yo soy médico ...	I am doctor ...
conteste con sí o no	answer with yes or no
sí/no	yes/no
por favor	please
gracias	thank you
muchas gracias	thank you very much
de nada	you're welcome
no hay de qué	don't mention it
no hay de qué	not at all
perdóneme	excuse me
perdóneme	pardon me
hola	hello
buenos días	good morning
buenos días	good day
buenas tardes	good afternoon
buenas tardes	good evening
buenas noches	good night
muy bien	very well
mucho mejor	much better
mejor	better
bien	good
así-así	so-so
no muy bien	not very well
mal/peor	bad/worse
insólito	unusual
(no) comprendo	I (don't) understand
no hablo inglés	I don't speak English
Yo no tengo	I don't have ...
Yo no estaré disponible para ...	I will not be able to ...
hable más despacio	speak slower
repítalo	repeat
hasta luego	see you later
hasta mañana	see you tomorrow
regresare pronto	I will return shortly
adiós	goodbye
venga a mi oficina	come into my office
no tenga miedo	don't be afraid
acuestese y relajese	lie back and relax
sientese por favor	sit up please
ya puede vestirse	you may get dressed now
trate de recordar	try to remember

eso es correcto/incorrecto	that's right/wrong
más o menos	more or less
pruebe otra vez	try again
otra vez	again
nunca	never
no importa	never mind
es bastante	that will do
cuidado	be careful
aproximadamente	approximately
aquí	here
allí	there
en la izquierda/derecha	on the left/right
lado izquierdo/derecho	left/right side
en el frente	in front
atras	in back
arriba	on top
en el centro	in the center
suave/duro/medio	soft/hard/medium

'Curioso como todos ellos hablan el mismo idioma cuando estan dormiendo.'
'Funny how they all speak the same language when they're asleep.'

PREGUNTAS BÁSICAS: basic questions

¿Cuál es su nombre?
What is your name?

¿Cómo está Usted hoy?
How are you today?

¿Habla Usted español?
Do you speak Spanish?

¿Comprende Usted?
Do you understand?

¿Hay alguien aquí que hable español?
Is there anyone here who speaks Spanish?

¿quién?	who?
¿por qué?	why?
¿qué?	what?
¿cuándo?	when?
¿dónde?	where?
¿cómo?	how?
¿cuánto ?	how much?
¿cuántos?	how many?
¿cada cuánto?	how often?
¿cuánto tiempo?	how long?
¿cómo es de malo?	how bad?
¿para qué?	what for?
¿qué son?	what are they?
¿para qué son esos?	what are they for?
¿desde cuándo?	since when?
¿por cuánto tiempo?	for how long?

¿hay/hay ...?
Is there/are there ...?

¿Puede tener ...?
Can I have ...?

¿Puede darme ...?
Can you give me ...?

¿Puede Usted ayudarme por favor?
Can you help me please?

¿Puede Usted hacerlo ...?
Can you do it ...?

¿Puede Usted enseñarme ...?
Can you show me ...?

¿Puede Usted decirme por favor?
Can you tell me please?

¿Me lo podría escribir por favor?
Will you write it down for me please?

¿Cuándo debo dar vuelta?
When should I come back?

¿Cuándo estará lista?
When will it be ready?

¿No puede Usted recordar?
You don't remember?

¿No se acuerda Usted?
You don't know?

¿Es posible?
Is it possible?

¿Es necesario?
Is it necessary?

¿Tanto?
So much?

¿Puede Usted hacerlo mejor?
Can you do it better?

EMERGENCIAS: emergencies

**Vea sección de EXAMEN
o partes del cuerpo específicos**

PROVEEDOR: provider

¿Me entiende?
Do you understand me?

¿Está herido?
Are you hurt?

¿Dónde le duele?
Where does it hurt?

¿Donde se a Usted cortado/quemado?
Where are you cut/burned?

¿Le vino de repente?
Did it come on all of a sudden?

¿Puede moverse?
Can you move?

¿Puede mover su(s) ...?
Can you move your ...?

Intente mover su(s) ...
Try to move your ...

rápidamente	quickly
despacio	slowly

No mueva/hable.
Don't move/talk.

Necesitara puntos.
You will need stitches.

> **PACIENTE:** patient
>
> Llame a una ambulancia.
> Call an ambulance.

Llame a los bomberos/la policía.
Call the fire department/the police.

Ha habido un accidente.
There has been an accident.

¿Puede Usted conseguirme un médico?
Can you get me a doctor?

Necesito un médico rápidamente.
I need a doctor quickly.

¿Hay un médico aquí?
Is there a doctor here?

Vino de repente.
It came on all of a sudden.

No puedo moverme.
I can't move.

No puedo mover mi(s) ...
I can't move my ...

Necesito ayuda.
I need some help.

Me duele mover/mi(s) ...
It hurts to move/my ...

Me cortado/quemado.
I am cut/burned.

He sido apoñalado/disparado/golpeado/quemado/violada.
I have been stabbed/shot/beaten/burned/raped.

Creo que tengo quebrado(a) mi(s) ...
I think I have broken my ...

Me caí en mi(s) ...
I fell on my ...

Se ha caído mi hijo/hija.
My child had a fall.

Está herido(a) en ...
He/she has hurt his/her ...

Está inconsciente.
He/she is unconscious.

Está sangrando (mucho).
He/she is bleeding (heavily).

Está (gravemente) herido(a).
He/she is (seriously) injured.

Se ha roto .../está hinchado.
His/her ... is broken/swollen.

'Ellos van solo por dos días pero estan muy propenso a accidentes.'
'They are only going for two days but they're very accident prone.'

RECEPCIÓN: reception

RECEPCIONISTA: receptionist

¿Tiene Usted una cita/papel de cita ?
Do you have an appointment/appointment slip?

¿Tiene algun papeleo con Usted?
Do you have any paperwork with you?

¿Puedo verlo?
May I see it?

El médico ... lo mirara.
Doctor ... will see you.

Le diré al médico que Usted está aquí.
I will tell the doctor you are here.

Sientese por favor.
Please have a seat.

> **PROBLEMS:** problemas
>
> No encuentro su nombre.
> I can't find your name.
>
> Seran unos minutos más.
> It will be a few more minutes.
>
> Su cita no es hasta ...
> Your appointment is not until ...
>
> Usted tiene que regresar ...
> You will have to come back ...
>
> El médico no está disponible para verlo hoy.
> The doctor is unable to see you today.
>
> El médico ... no está aquí hoy.
> Doctor ... is not here today.

PACIENTE: patient

Tengo una cita.
I have an appointment.

Mi nombre es ...
My name is ...

Estoy aquí para ver al médico ...
I am here to see doctor ...

¿Puedo hacer una cita ...?
Can I make an appointment ...?

¿No sería posible antes/más tarde?
Could you make it earlier/later than that?

¿Necesito hacer una cita?
Do I need to make an appointment?

¿Puedo ver al médico ahora/hoy?
Can I see a doctor now/today?

Me dijeron que regresara hoy para ...
I was told to come back today by ...

enfermera ...	Nurse ...
médico ..	Doctor ...

HISTORIA MÉDICA: medical history

Vea PREGUNTAS BÁSICAS

¿Cómo podria describir su salud actual?
How would you describe your present health?

¿Cuántos años tiene?
How old are you?

¿Cuál es su ocupación?
What is your occupation?

¿Ha sufrido Usted de lo siguiente?
Have you ever suffered from any of the following:

**Vea LISTA DE LOS
ENFERMEDADES/DOLENCIAS**

¿Tiene Usted ...?
Do you have ...?

¿Ha tenido Usted ...?
Have you ever had ...?

¿Qué enfermedades ha tenido Usted?
What diseases have you had?

¿Alguna vez ha sido Usted admitido en el hospital?
Have you ever been admitted into the hospital?

¿Ha tenido Usted algun tipo de operación?
Have you ever had any kind of surgery?

¿Ha visto Usted un médico en este último año?
Have you seen a physician within the last year?

¿Ha tomado Usted algun medicamento recetado o sin recetar en este último año?
Have you taken any prescription or non prescription medication within the last year?

¿Está Usted tomando alguna medicina?
Are you taking any medication at this time?

¿Qué clase de medicina está tomando?
What type of medication are you taking?

¿Es Usted alergico a algun medicamento/o alguna otra?
Are you allergic to any medications/or anything else?

¿Ha tomado Usted alguna vez medicina receta sin receta médica?
Have you ever taken any kind of prescription drugs, without a
prescription?

¿Tiene Usted problema de droga?
Do you have a drug problem?

¿Ha tenido Usted problema de droga?
Have you ever had a drug problem?

¿Fuma Usted?
Do you smoke?

¿Ha fumado Usted?
Have you ever smoked?

¿Cuándo fue su último?
When did you quit?

¿Toma Usted?
Do you drink?

¿Ha tenido Usted alguna problema de alcohol?
Have you ever had an alcohol problem?

¿Es Usted Casado?
Are you married?

¿Tiene Usted hermanos/hermanas?
Do you have any brothers/sisters?

¿Están sus padres/abuelos vivos?
Are your parents/grandparents alive?

¿De qué murieron?
What did they die from?

¿A qué edad?
At what age?

¿Tiene Usted historia familiar de ...?
Do you have a family history of ...?

¿Alguien más en su familia cercana sufre de esto?
Does anyone else in your immediate family suffer from this?

¿Cuándo fue su última inyección para el tetano?
When was your last tetanus vaccination?

¿Lo han vacunado contra ...?
Have you been vaccinated against ...?

HISTORIA MÉDICA FEMENINA: female medical history

¿Cuál fue el primer día de su última mestruación?
What was the first day of your last menstrual cycle?

¿Ha sufrido Usted de sangramiento de la vagina?
Have you ever had unusual vaginal bleeding?

¿Ha estado Usted embarasada?
Have you ever been pregnant?

¿Tiene Usted niños?
Do you have any children?

¿Ha tenido Usted alguna pérdida/aborto?
Have you ever had a miscarriage/abortion?

¿Qué clase de método está Usted usando para control de la natalidad?
What kind of birth control are you using at this time?

¿Hay alguna posibiladad de que esté Usted embarasada?
Is there any possibility that you might now be pregnant?

¿Sabe Usted cuando concebio?
Do you know when you conceived?

¿Si está, en que trimestre está?
If so, what trimester are you in?

¿Está Usted tomando algun medicamento? (incluyendo pastillas para control de la natalidad)
Are you currently taking any kind of medication? (including birth control pills)

¿Cuándo fue su último chequeo de cáncer cerviz?
When was your last pap smear?

¿Tiene Usted un chequeo anormal de cáncer cerviz?
Have you ever had an abnormal pap smear?

¿Alguien en su familia ha tenido cancer en los pechos en la cerviz? (en particular madre o hermana)
Is there any history of breast/cervical cancer in your family? (particularly mother or sister)

¿Ha tenido Usted relaciónes solamente con su esposo/amigo?
Do you have a monogamous relationship with your husband/boyfriend?

HISTORIA DENTAL: dental history

¿Ha sufrido Usted de sangramiento después de extraerle un diente?
Have you ever suffered from uncontrolled bleeding after a tooth extraction?

¿Ha tenido Usted alguna vez alguna reacción a la anestecia local?
Have you ever had a reaction to a local anesthetic?

EXAMEN: examination

**Vea EMERGENCIAS o FRASES
RESPECTO a partes del cuerpo específicos**

PROVEEDOR: provider

INFORMACIÓN GENERAL: general information

¿Cuál es su nombre?
What is your name?

Yo soy médico ...
I am doctor ...

No tenga miedo/quiero ayudarlo.
Don't be afraid/I want to help you.

Lo voy a mirar.
I am going to take a look.

No lo voy a lastimar.
I will not hurt you.

No le dolera.
It will not hurt.

Le va a doler (un poco).
This is going to hurt (a little).

Regreso en un minuto.
I will be back in a minute.

Voy a tomar su pulso/temperatura/presión de la sangre.
I am going to take your pulse/temperature/blood pressure.

Lo voy a mandar Usted a un especialista.
I am sending you to a specialist.

Loy voy a mandar usted al hospital para un reconocimineto general.
I am sending you to the hospital for a general check-up.

Vamos a tomar una radiografia.
We are going to take an x-ray.

ACCIÓN REQUERIDO: action required

Por favor indica con el dedo.
Please point.

Hace este.
Do this.

Muestreme donde le duele.
Show me where it hurts.

Enseñarme donde experimenta más dolor.
Show me where you experience the most pain.

Muestreme su(s) ...
Show me your ...

¿Puede Usted mover su(s) ...?
Can you move your ... ?

¿No puede hacerlo mejor?
Can you not do it better?

Por favor quitese la ropa de la cintura para arriba/de la cintura para abajo.
Please remove your clothing above/below the waist.

Por favor quitese toda su ropa y cubrase con esto.
Please remove all your clothing and drape this over yourself.

Pongase esto encima.
Put this on.

Por favor sientese sobre la mesa/silla.
Please sit on the table/chair.

Por favor subase la manga.
Please roll up your sleeve.

Por favor   Please

      acuestese   lay back
      voltese   turn over
      levantese   stand up
      sientese   sit down
      agachese   bend over
      diga aaah   say aaah
      inspire   breathe in
      expire   breathe out
      respire normalmente   breathe normally
      contenga su respiración hold your breath
      tosa/otra vez   cough/again

Necesitamos una muestra de sangre/orina/heces.
We will need a blood/urine/stool sample.

Quiero que Usted vaya al hospital para un chequeo.
I want you to go to the hospital for a check up.

Ya se puede vestir.
You may get dressed now.

      PASADO: past

¿Qué sentia al princia?
What did you feel in the beginning?

¿Qué clase de dolor fue (es)?
What kind of pain was (is) it?
      punzada   shooting
      apagado   dull
      agudo   sharp
      hormiguea   tingling
      palpitante   throbbing
      constante   constant
      tacaño   stinging
      intermitente   intermittent

¿Ha tenido Usted dificultades durmiendo?
Have you had difficulty sleeping?

¿Usted ha perdido/ganado peso?
Have you lost/gained weight?

¿Ha tenido Usted febril?
Have you been feverish?

¿Cuánto tiempo ha tenido Usted esto?
How long have you had this?

¿Por cuánto tiempo se ha sentido así?
How long have you felt this way?

Vea TIEMPO

¿Le han experimentado esta problema antes?
Have you ever experienced this problem before?

¿Le vino de repente?
Did it come on all of a sudden?

¿Fue Usted mordido/picado?
Were you bitten/stung?

¿Ha hecho Usted algo para ello?
Have you done anything for it?

¿Qué hace Usted para hacerlo mejor/peor?
What do you do to make it better/worse?

¿Ha tomado o hecho Usted algo para ello?
Have you taken or done anything for it?

¿Hubo hecho mejor o peor?
Did it make it better or worse?

¿Cómo efectivo le hubo?
How effective has that been?

PRESENTE: present

¿Sigue teniendo dolor?
Are you still in pain?

¿Donde exactamente le duele?
Where exactly is the pain?

¿Donde va el dolor?
Where does the pain travel?

¿Se siente mejor/peor/la misma hoy?
Do you feel better/worse/the same today?

¿Le duele esto?
Does this hurt?

¿Puede sentir esto?
Can you feel this?

¿Siente Usted eso?
Did you feel that?

¿Se siente Usted cansado/enfermo/mareado?
Do you feel tired/sick/dizzy?

¿Se siente Usted frio/caliente/sin fuerza?
Do you feel cold/hot/weak?

¿Tiene Usted dificultades respirando?
Are you having difficulty breathing?

¿Se siente Usted nervioso o preocupado sobre algo?
Are you nervous or worrying about anything?

    PACIENTE: patient

    Tengo un dolor aquí/acá.
    I have a pain here/there.

    Tengo un dolor en mi ...
    I have a pain in my ...

                                         Vea PARTES DEL CUERPO

    Tengo un ... en mi ...
    I have a ... on my ...

    Yo creo que estoy/tengo ...
    I think I am/have ...

    Tengo dificutades moviendo mi ...
    I have difficulty moving my ...

No puedo ...
I can't ...

Me lastimé mi ...
I have hurt my ...

Me duele al mover/mi ...
It hurts to move/my ...

Mi(s) ... me duele.
My ... hurts.

Me duele continuamente/algunas veces.
It hurts continuously/sometimes.

Si hago esto lo mejoro/empeoro.
If I do this it makes it better/worse.

Tengo ...   I feel ...

    mareos   dizzy
    desorientado   disoriented
    amodorrado   drowsy
    asqueroso   nauseous
    escalofríos   shivery
    hinchado   bloated
    frío   cold
    calor   hot
    olvidadizo   forgetful
    sin ánimo   listless

Yo soy sordo/mudo.
I am deaf/mute.

Estoy tomando .../este medicamento.
I am taking .../this medication.

Yo tomo ... regularmente.
I take ... regularly.

Yo soy adicto a ...
I am addicted to ...

Yo soy alergico a ...
I am allergic to ...

Yo estaba tomando ...
I was taking ...

He sido diagnosticado con ...
I have been diagnosed with ...

Lo he tenido ... antes.
I have had ... before.

Lo he tenido por ...
I have had it for ...

La última vez fue ...
The last time was ...

¿Está quebrado?
Is it broken?

¿Es contagioso?
Is it contagious?

¿Cuál es mi temperatura/presión en la sangre/pulso?
What is my temperature/blood pressure/pulse rate?

¿Es alta/baja/normal?
Is it high/low/normal?

¿Puede recomendar un(a) ...?
Can you recommend a/an ...?

dentista	dentist
generalista	general practitioner
pediatra	childrens doctor
oculista	eye specialist
ginecólogo	gynecologist
specialista de ...	... specialist
cirujano	surgeon

DENTISTA: dentist

Vea NARIZ, GARGANTA, Y BOCA

PROVEEDOR: provider

Sientese por favor.
Please have a seat.

Por favor abra su boca ancha/más.
Please open your mouth wide/wider.

Mueva su lengua a su izquierda/a su derecho.
Move your tongue to the left/right.

Diga aaah.
Say aaah.

¿Le duele esto/eso?
Does this/that hurt?

Esto (no) va a doler (un poquito).
This will (not) hurt (a little).

Le voy a adormecer el lado izquierdo/derecho.
I am going to make the left/right side numb.

¿No está adormecido aun?
Is it numb yet?

¿Puede Usted sentir esto?
Can you feel this?

Cierre su boca un poquito.
Close your mouth slightly.

Esto puede ser un poco incómodo.
This may be a little uncomfortable.

Muerde suave.
Bite down gently.

Relajese/calmese.
Relax/calm down.

Golpe sus dientes juntos.
Tap your teeth together.

¿Atragantarse fácilmente?
Do you gag easily?

Respire por la nariz.
Breathe through your nose.

Yo estoy terminando.
I am finished.

Por favor enjuagese.
Please rinse.

Escupa dentro del recipiente.
Spit into the bowl.

¿Tiene Usted a alguien que lo preda recojer?
Do you have someone who can pick you up?

PACIENTE: patient

Quiciera ver a un dentista.
I would like to see a dentist.

Se me ha rompio/roto/astillo un diente(s).
I have cracked/broken/chipped a tooth (teeth).

Se me cayó el empaste/diente.
I have lost a filling/tooth.

Me lo puede Usted rellenar (arreglar) ahora/temporalmente?
Can you fill it (fix it) now/temporarily?

Me duele mi diente/mis dientes/mi enciá(s)/mi mandibula.
My tooth/teeth/gum(s)/jaw hurts.

Tengo un dolor/hinchazón aquí.
I have a pain/swelling here.

arriba/abajo	at the top/bottom
en el frente/atras	in the front/back
lado izquierdo/lado derecho	left side/right side

¿Tiene Usted que sacarlo?
Do you have to take it out?

Yo (no) quiero que me lo saque.
I (do not) want it extracted.

Tengo un absceso/dolor.
I have an abscess/sore.

Me duele mucho mi encía/mi encía está muy inflamada.
My gums are very sore/inflamed.

Mi encía sangra frecuentemente/después de lavar mis dientes/
con seda floja.
My gums bleed frequently/after I brush/floss.

¿Me podría Usted dar un calmente/una inyección para el dolor?
Could you please give me a pain killer/an injection to kill the
pain?

¿Me podría Usted dar un anestésico?
Could you give me an anesthetic?

Se me rompio mi dentadura(s).
I have broken my denture(s).

¿Puedo tener un diente (dientes) postisos?
Can I have a false tooth (teeth) put in?

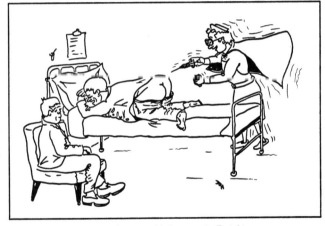

'Ahora sabes por qué la llamamos La Tsetsé.'
'Now you know why we call her the Tsetse Fly.'

OPTICO: optician

Vea OJOS

PROVEEDOR: provider

Esto estará listo para ...
These will be ready by ...

Yo no puedo arreglar esto.
I can't repair these.

Lo puedo hacer para usted.
I can do that for you.

Nosotros no tenemos esta marca.
We don't carry this brand.

Esto es más/menos caro.
This is more/less expensive.

Usted necesita lentes.
You need glasses.

¿Usa Usted lentes?
Do you wear glasses?

¿Puedo verlos por favor?
May I see them please?

¿Usa Usted lentes de contacto?
Do you wear contact lenses?

¿Desde cuando ha disminuido su vista?
Since when has your eyesight failed you?

¿Puede Usted leer el gráfico en la pared?
Can you read the chart on the wall?

Lea la primera linea.
Read the first line.

¿Puede Usted ver ahora? ¿y ahora?
Can you see now? and now?

¿Mejor de cerca?
Better close up?

¿Mejor a la distancia?
Better at a distance?

¿Cuál es más claro uno o dos?
Which is more clear one or two?

> **PACIENTE:** patient
>
> Yo perdí/roto mis lentes.
> I have lost/broken my glasses.
>
> Yo necesito estas reparatiónes por favor.
> I need these repaired please.
>
> ¿Puede Usted repararlas para mí?
> Can you repair them for me?
>
> ¿Para cuándo están listas?
> When will they be ready?
>
> Me gustaría comprar unas lentes de sol.
> I'd like to buy some sunglasses.
>
> ¿Puede Usted cambiar las lentes?
> Can you change the lenses?
>
> ¿Tiene Usted de color/sin color?
> Do you have tinted/non-tinted?
>
> Me gustarían los obscuros/los claros.
> I'd like a darker/lighter shade.
>
> Me gustarían lentes de contacto (de color).
> I would like (colored) contact lenses.
>
> ¿Puedo hacerme un examen de la vista para unos lentes nuevos?
> Can I get an eye test for some new glasses?

HOSPITAL: hospital

PROVEEDOR: provider

¿Duerme Usted bien?
Did you sleep well?

Tiene que quedarse en cama.
You must stay in bed.

Apriete este botón/tire este cordón si necisita algo.
Push this button/pull this cord if you need anything.

¿Necesita Usted levantarse?
Do you need to get up?

¿Quiere Usted la televisión/la radio encendida?
Would you like the television/radio on?

¿Quiere Usted ir al baño/pasillo/sala/salón?
Would you like to go to the bathroom/hallway/lobby/lounge?

Le voy a chequear/cambiar su vendaje.
I am going to check/change your dressing.

Necesita firmar estos formularios de consentimiento.
You need to sign these consent forms.

Esto explica el procedimiento.
This explains the procedure.

No puede tener nada para comer/beber.
You cannot have anything to eat/drink.

Le voy a prepara Usted para la operación.
I am going to prepare you for surgery.

Le voy a afeitar Usted.
I am going to shave you.

Usted tiene que levantarse y andar un poco.
You must get out of bed and walk around.

¿Ha orinado/ha tenido un deposición/pasado gases?
Have you urinated/had a bowel movement/passed gas?

Usted dará de alta ...
You will be discharged ...

> **PACIENTE**: patient
>
> Me gustaría ver un médico/enfermera/especialista.
> I would like to see a doctor/nurse/specialist.
>
> Quiciera que venga una enfermera a mi cuarto.
> I would like a nurse to come to my room.
>
> ¿Cuándo viene el médico/la enfermera?
> When will the doctor/nurse come?
>
> Quiciera ir al baño/servicios.
> I would like to go to the bathroom/toilet.
>
> Necesito orinar/hacer un deposición.
> I need to urinate/have a bowel movement.
>
> Me gustaría se transladado a otro cama/cuarto.
> I would like to be moved to another bed/room.
>
> Por favor abra/cierre la(s) ventana/cortinas.
> Please open/close the window/curtains.
>
> Me gustaría ver televisión.
> I would like to watch television.
>
> Me gustaría escuchar la radio.
> I would like to listen to the radio.
>
> Quiciera hacer una llamada telefónica.
> I would like to make a telephone call.
>
> Quiciera hacer una llamada de larga distancia a ...
> I would like to call long distance to ...
>
> Me gustaría comer/tomar algo.
> I would like something to eat/drink.

Es muy ruidoso/silencio.
It is too noisy/quiet.

No puedo dormir/comer.
I can't sleep/eat.

Me siento mareado/con hambre/sediento.
I feel dizzy/hungry/thirsty.

¿Me puedo levantar de la cama?
May I get out of bed?

Me gustaría mi ... cambiado.
I would like my ... changed.

¿Cuándo puedo levantarme?
When can I get up?

Quiciera sentarme.
I would like to sit up.

Quiciera ir a la cafetería.
I would like to go to the cafeteria.

Quiciera comer más tarde.
I would like to eat later.

Tienen algunos libros o revistas en español?
Do you have any books or magazines in Spanish?

¿Puedo tener visitas?
Can I have visitors?

Estoy esperando una visita hoy.
I am expecting a visitor today.

¿Cuáles son las horas de visita?
What are the visiting hours?

Quiero que dar de alta.
I wish to be discharged.

'Despiérte Sr Wilson, es la hora para su píldora de dormir.'
'Wake up Mrs Wilson, time for your sleeping pill.'

OBSTETRICIA (embarazo/parto): obstetrics (pregnancy/delivery)

PROVEEDOR: provider

¿Cuándo va a nacer el niño?
When is the baby due?

¿Es este su primer embarazo/niño?
Is this your first pregnancy/child?

¿Normalmente da Usted a luz rapidó?
Do you normally deliver quickly?

¿Que tan retiradas son sus contracciónes una de otra?
How far apart are you contractions?

Vea TIEMPO

¿Quiere Usted algo para el dolor?
Do you want a pain killer?

¿Quiere tener un parto natural?
Do you want to have a natural childbirth?

    (no) empuje   (don't) push

Usted va a necesitar cesaria.
You are going to need a cesarian section.

Es un niño/una niña/gemelos.
It's a boy/a girl/twins.

   PACIENTE: patient

   Yo pienso que estoy embarazada.
   I think I may be pregnant.

   Quiciera tener una prueba de embarazo.
   I would like to have a pregnancy test.

   Tengo ... semanas/meses de embarzo.
   I am ... weeks/months pregnant.

   Se me rompio la bolsa de agua.
   My water broke.

Estoy teniendo contracciónes cada ... minutos.
I've been having contractions ... minutes apart.

Yo tuve un malparto/aborto.
I have had a miscarriage/abortion.

Quiero tener un aborto.
I want to have an abortion.

GINECOLOGÍA: gynecology

Vea EXAMEN
o HISTORIA MÉDICA FEMENINA

PROVEEDOR: provider

Voy a revisar sus pechos.
I am going to examine your breasts.

¿Ha notado Usted alguna descarga de sus pezónes?
Have you noticed any discharge coming from your nipples?

¿Muestreme donde está el bulto?
Show me where the lump is?

Por favor ponga su mano derecha/izquierda sobre su cabeza.
Please place your right/left hand above your head.

Ponga sus manos en la cintura e inclinese hacia adelante.
Place your hands on your waist and lean forward.

Ponga sus pies en los estribos.
Place your feet in the stirrups.

Muevase hacia abajo.
Move your bottom down further.

Usted va a sentir mis dedos primero.
You will feel my fingers first.

Voy a poner un septo dentro de su vagina.
I am going to place a septum in your vagina.

Va a sentir un calambre pequeño.
You may feel a slight cramp.

Le voy a examinar su pelvis.
I am going to do a pelvic exam.

PACIENTE: patient

Vengo para un examen de cancer cerviz.
I am due for a pap smear.

Hace ... meses/años desde mi último examen de cancer cerviz.
It has been ... months/years since my last pap smear.

Yo tuve un examen anormal hace ... meses/años.
I last had an abnormal pap smear ... months/years ago.

Me gustaría que me diera pastillas para el control de natalidad.
I would like some birth control pills.

Me gustaría tener algun tipo de control de natalidad.
I would like some form of birth control.

Yo tengo un bulto en mis pechos.
I have a lump in my breast.

Lo he tenido por ...
I have had it for ...

Tengo dolores menstruales.
I have period pains.

Hace ... meses que no tengo reglas.
I haven't had my period for ... months.

CABEZA: head

PROVEEDOR: provider

¿Cómo se siente de su cabeza?
How does your head feel?

¿Recuerda la que ocurrio?
Do you remember what happened?

¿Tiene buena memoria?
Is your memory good?

¿Tiene algun dolor en su cabeza?
Do you have any pain in your head?

¿Se cayó Usted?
Did you fall?

¿Ha perdido el sentido?
Did you lose consciousness?

¿Se desmayó?
Did you faint?

¿Ha tenido Usted desvanesimiento?
Have you ever had fainting spells?

¿Ha tenido Usted ataques de mareo?
Have you ever had dizzy spells?

¿Siente Usted como si tuviera mucha presión?
Do you feel like there is a lot of pressure?

¿Estubo Usted en un accidente?
Were you in an accident?

¿Estubo Usted en una pelea?
Were you in a fight?

¿Fue Usted golpeado/pateado?
Were you hit/kicked?

PACIENTE: patient

Me siento muy mareado.
I feel very dizzy.

Tengo un dolor muy intenso aquí.
I have an intense pain here.

Mi cabeza me palpita.
My head is pounding/throbbing.

Fui golpeado/pateado.
I was hit/kicked.

Estube en un accidente.
I fell/was in an accident.

No se por qué me duele la cabeza.
I don't know why my head hurts.

No puedo recordar nada.
I can't remember anything.

OJOS: eyes

Vea OPTICO

PROVEEDOR: provider

Mire ...   Look ...

hacia adelante	straight ahead
abajo	down
arriba	up
a su nariz	at your nose
a me	at me
a la pared	at the wall

Siga mi dedo.
Follow my finger.

¿Puede Usted ver mis dedos?
Can you see my fingers?

¿Cuántos dedos puede ver?
How many fingers can you see?

¿Ve las cosas doble algunas veces?
Do you sometimes see things double?

¿Puede Usted ver claramente?
Can you see clearly?

¿Está su visión nublosa?
Is your vision cloudy?

¿Le lagrimean sus ojos amendado?
Do your eyes water often?

¿Puede Usted abrir su(s) ojo(s)?
Can you open your eye(s)?

¿Le duele al abrir su(s) ojo(s)?
Does it hurt to open your eye(s)?

¿Puede Usted parparear para mi?
Can you blink for me?

¿Siente Usted algo en su(s) ojo(s)?
Do you feel something in your eye(s)?

No trate de abrirlo al despertarse.
Do not try to open it when you awake.

¿Se pique su ojo?
Did you poke your eye?

Tiene Usted que mantener este parche por ...
You must keep this patch on for ...

Tiene Usted que lavarse su(s) ojo(s) con esto.
You must wash your eye(s) out with this.

PACIENTE: patient

Solo puedo ver con mi ojo derecho/izquierdo.
I can only see out of my right/left eye.

No puedo abrir mi ojo(s).
I can't open my eye(s).

Mi vista está borrosa.
My vision is blurry.

Me golpearon en el ojo izquierdo/derecho.
I was hit in the left/right eye.

Siento algo en mi(s) ojo(s).
I feel like I have something in my eye(s).

Fui salpicado con gasolina/una quimica.
I was splashed with gasoline/a chemical.

Me enjuage mi(s) ojo(s) con agua/gotas de los ojos.
I rinsed my eye(s) with water/eye drops.

Me pique mi ojo.
I poked my eye.

'Mi consejo para Usted señora, es que consulte a un médico hechicero'
'My advice to you Madam, is consult a Witch Doctor.'

OÍDOS: ears

PROVEEDOR: provider

¿Puede Usted oírme claramente?
Can you hear me clearly?

¿Puede Usted oír esto/eso?
Can you hear this/that?

¿Usa Usted normalmente un audífono?
Do you normally wear a hearing aid?

¿Puede Usted oír con este oído?
Can you hear out of this ear?

¿Tiene Usted algun pitido de su(s) oído(s)?
Do you have any ringing in your ear(s)?

¿Ha tenido alguna descarga de su(s) oído(s)?
Has there been any discharge from your ear(s)?

Su oído(s) está/están inflamado(s).
Your ear(s) is/are inflamed.

Usted tiene una ruptura en su tímpano.
You have a ruptured ear drum.

Sus oídos necesitan limpieza.
Your ears need cleaning.

Tiene una infección de oído.
You have an ear infection.

Voy a lavar su(s) oído(s).
I'm going to wash your ear(s) out.

PACIENTE: patient

No puedo oír con este oído.
I can't hear out of this ear.

No puedo oír nada.
I can't hear anything.

Mi oído(s) me suenan.
My ear(s) is/are ringing.

Mi(s) oído(s) me ha(n) dolido por ... días/semanas/meses.
My ear(s) has/have hurt for ... days/weeks/months.

Mi oído está sangrando.
My ear is bleeding.

Tengo una descarga que viene de mi(s) oído(s).
I have a discharge coming out of my ear(s).

He estado usando gotas para los oídos.
I have been using ear drops.

Yo uso un audífono.
I wear a hearing aid.

Yo perdí mi audífono.
I have lost my hearing aid.

Mi audífono se quebro.
My hearing aid is broken.

NARIZ, GARGANTA, Y BOCA: nose, throat, and mouth

Vea CORAZÓN, PECHO, Y PULMONES
o DENTISTA

PROVEEDOR: provider

¿Usted estornuda/tóse a menudo?
Do you sneeze/cough often?

Por favor tosa. Otra vez.
Please cough. Again.

Inclinarse su cabeza hacia atrás.
Lean your head back.

¿Le duele al toser?
Does it hurt to cough?

¿Le duele su boca al abrirla?
Does it hurt to open your mouth?

¿Le duele al tragar/respirar?
Does it hurt to swallow/breathe?

Respire hondo.
Take a deep breath.

Aguantelo.
Hold it.

Respire normalmente.
Breathe normally.

¿Escupe flema/sangre?
Have you coughed up any phlegm/blood?

¿De qué color es su flema?
What color is your phlegm?

¿Siente su garganta/lengua/boca hinchados?
Does your throat/tongue/mouth feel swollen?

¿Le arde su garganta?
Do you have a sore throat?

Su nariz está quebrada.
Your nose is broken.

> **PACIENTE**: patient
>
> No puedo respirar por mi nariz.
> I can't breathe out of my nose.
>
> No puedo hablar.
> I can't speak.
>
> Es difícil a hablar/tragar/respirar.
> It is hard to talk/swallow/breathe.
>
> He estado tosiendo con sangre.
> I have been coughing up blood.
>
> Mi garganta/boca/nariz se sienten inflamado.
> My throat/mouth/nose feels swollen.
>
> Me pegue en la nariz/garganta/boca.
> I was hit in the nose/throat/mouth.
>
> Tengo llagas en mi boca/garanta.
> I have sores inside my mouth/throat.
>
> Mi nariz/garganta/boca tiene mal escozor.
> My nose/throat/mouth stings.
>
> Creo que tengo mi nariz quebrada.
> I think I have broken my nose.

MIEMBROS: limbs

PROVEEDOR: provider

Dejeme mirar su(s) ...
Let me look at your...

brazo(s)	arm(s)
mano(s)	hand(s)
dedo(s)	finger(s)
dedo(s) grueso	thumb(s)
muñeca(s)	wrist(s)
codo(s)	elbow(s)
pierna(s)	leg(s)
pie(s)	foot(feet)
dedo(s) de pie	toe(s)
rodilla(s)	knee(s)
tobillo(s)	ankle(s)
talón(es)	heel(s)

Apriete mi(s) mano(s).
Grasp my hand(s).

Empuje su(s) ... contra mi mano.
Press your ... against my hand.

    más/menos   more/less

Levante su(s).
Raise your ...

    alto/bajo   higher/lower

Mueva su(s) ...
Move your ...

    otra vez/pare   again/stop

¿Tiene Usted fuerza en su ...?
Do you have any strength in your ...?

¿Su(s) ... siente paralizado?
Does your ... feel paralyzed?

¿Ha estado durmiendo en sus ...?
Had you been sleeping on your ...?

Ande un poco.
Walk a little way.

¿Están algunos sus miembros inflamadas?
Are any of your limbs swollen?

¿Siente Usted esto/eso?
Can you feel this/that?

Su(s) ... está/están quebrados/torcidos.
Your ... is/are broken/sprained.

Usted va a necesitar (un) yeso/tablilla/puntadas.
You will need (a) cast/splint/stitches.

¿Ha tenido Usted está hinchazón por mucho tiempo?
Have you had this swelling long?

> **PACIENTE:** patient
>
> Me lastimé/corté/quebré/torcido mi(s) ...
> I have hurt/cut/broken/sprained my ...
>
> No puedo mover mi(s) ...
> I can't move my ...
>
> Tengo una hinchazón en mi(s) ...
> I have a swelling in my ...
>
> Tengo un líquido en mi(s) ...
> I have fluid in my ...
>
> Mi(s) uña(s) se me pusieron negras/se me cayeron.
> My nail(s) have turned black/fallen out.
>
> Tengo artritis.
> I have arthritis.

No siento mi(s)...
I have no feeling in my ...

Me duele al mover mi(s) ...
It hurts to move my ...

Mi(s) ... duele.
My ... hurt(s).

Me palpita/huele/hormiguea.
It throbs/stings/tingles.

'¿Disfrute su descanso de invierno señor?'
'Enjoy your winter break Sir?'

ESTÓMAGO Y ORGANOS INTERNOS: stomach and internal organs

Vea PELVIS, REGIÓN PÚBICO, Y REGIÓN ANAL

PROVEEDOR: provider

¿Los alimentos le hacen el dolor menos fuerte/peor?
Does food make the pain better/worse?

¿Cuándo orina es el dolor menos fuerte/peor?
Does urinating make the pain better/worse?

¿Al hacer un deposición es el dolor menos fuerte/peor?
Does having a bowel movement make the pain better/worse?

¿Ha experimentado algo de vómito?
Have you experienced any vomiting?

¿Sigue Usted vomitando?
Are you still vomiting?

¿Tiene Usted calambres de estómago?
Do you have stomach cramps?

¿El comer/tomar le hace vomitar?
Does eating/drinking make you vomit?

¿Ha tenido Usted diarrea?
Have you had diarrhea?

¿Le duele al orinar/hacer un deposición?
Does it hurt to urinate/have a bowel movement?

¿Le duele cuando hace un deposición?
Does it hurt to have a bowel movement?

¿Ha habido sangre en su ornina/deposición/vómito?
Has there been any blood in your urine/bowel movement/vomit?

¿Qué ha comido/tomado empezando con lo más reciente?
What have you eaten/drunk beginning with the most recent?

¿Conoce Usted alguien más con la misma enfermedad?
Do you know anyone else with the same illness?

Le voy a apretar el estómago, decirme si le duele cuando quito mi mano.
I am going to press down on your stomach, tell me if it hurts when I release my hand.

PACIENTE: patient

Tengo un dolor en mi estómago.
I have a pain in my stomach.

Tengo calambres de estómago.
I have stomach cramps.

Tengo gases severos.
I have severe gas.

He estado vomitando por ...
I have been vomiting for ...

Me duele cuando orino/hago un deposición.
It hurts when I urinate/have a bowel movement.

Hay sangre en mi orina/deposición/vómito
There is blood in my urine/bowel movement/vomit.

He tenido diarrea por ...
I have had diarrhea for ...

Alimentos/liquidos hacen el dolor menos fuerte/peor.
Food/liquids make the pain better/worse.

CORAZÓN, PECHO, Y PULMÓNES: heart, chest, and lungs

Vea NARIZ, GARGANTA, Y BOCA

PROVEEDOR: provider

¿Dónde experimenta el dolor?
Where are you experiencing pain?

¿Siente alguna presión en su pecho?
Are you feeling any pressure in your chest?

¿Tiene Usted un marcapaso?
Do you have a pacemaker?

¿Le duele al respirar hacia adentro/afuera?
Does it hurt to breathe in/out?

Su pulmón está colapsado/perforado.
Your lung has collapsed/been punctured.

Usted ha tenido un ataque al corazón/ataque fulminate.
You have had a heart attack/stroke.

Su costilla(s) está/están rotas.
Your rib(s) is/are broken.

    PACIENTE: patient

    Tengo un dolor en el pecho.
    I have a pain in my chest.

    Tengo dificultad al respirar.
    I am having difficulty breathing.

    Me siento sin fuerza/sin respiración.
    I feel very weak/out of breath.

    Tuve un atáque al corazón/ataque fulminate.
    I had a heart attack/stroke.

    Tengo un marcapaso.
    I have a pacemaker.

Había tenido una operación desviada.
I have had a by-pass operation.

Me duelen mis costillas/las siento quebradas.
My ribs hurt/feel broken.

Tengo asma.
I have asthma.

He estado resollando/tosiendo.
I have been wheezing/coughing.

Respiro agua/comida.
I breathed in water/food.

'¿Cree que podemos dar de alta algunos hoy médico?'
'Do you think we can discharge a few today Doctor?'

ESPALDA, ESPINAZO, Y HOMBROS: back, spine, and shoulders

PROVEEDOR: provider

Por favor no se mueva.
Please don't move.

Agachese tan lejos como posible.
Bend over as far as you can.

¿Se callo Usted?
Did you fall?

¿Se golpeo?
Were you hit?

¿Ha alzado algo pesado/torpe?
Did you lift anything heavy/awkwardly?

¿Tiene que levantar cosas pesados en su trabajo?
Does your work require heavy lifting?

¿Ha dormido torpe o en un corriente?
Did you sleep awkwardly or in a draft?

Tiene un disco descolocado.
You have a slipped disk.

Necesita dormir sobre una superficie duro/suave.
You need to sleep on a hard/soft surface.

Necesita un refuerzo para ...
You need a ... brace.

    PACIENTE: patient

    No me puedo mover/andar.
    I can't move/walk.

    No me puedo agachar.
    I can't bend over.

    No puedo levantar nada.
    I can't lift anything.

Tengo un dolor constante aquí.
I have a constant ache here.

Mi hombro está dislocado.
My shoulder came out of it's socket.

No siento mi(s) ...
I can't feel my ...

'El no es mi hijo, yo solo quiero mi cacerola.'
'He's not my son, I only want my saucepan back.'

PELVIS, REGIÓN PÚBICO, Y REGIÓN ANAL: pelvis, pubic, and
anal area

Vea ESTÓMAGO Y ORGANOS INTERNOS

PROVEEDOR: provider

Por favor agachese y abra sus piernas/nalgas.
Please bend over and spread your legs/cheeks.

¿Está Usted estreñido?
Are you constipated?

¿Cuándo fue la última vez de deposición?
When was your last bowel movement?

¿Cada cuánto tiempo normalmente orina/hace un deposición?
How frequently do you normally urinate/have a bowel movement?

Usted tiene hemorroides.
You have hemorrhoids.

Por favor tósa.
Please cough.

Usted tiene una hérnia.
You have a hernia.

¿Le arde o huele cuando orina?
Does it burn or sting when you urinate?

¿Orina Usted involuntariamente?
Do you urinate involuntarily?

¿Cuándo fue la última vez que orina/hace un deposición?
When did you last urinate/have a bowel movement?

¿De qué color a sido su orines/deposiciónes?
What color has your urine/stool been?

Vamos a necesitar una muesta de orina/deposición.
We will need a urine/stool sample.

PACIENTE: patient

Ha estado estreñido por ...
I have been constipated for ...

La última vez que tuve una deposición fue ... hace.
My last bowel movement was ... ago.

Tengo hemorroides.
I have hemorrhoids.

Orino un poco cada vez que toso.
I urinate slightly every time I cough.

No tengo control sobre mis deposiciónes/cuando orino.
I have no control over my bowel movements/when I urinate.

Me quema/huele/duele cuando orino/tengo deposiciónes.
It burns/stings/hurts when I urinate/have a bowel movement.

Creo que tengo enfermedad venérea.
I think I have venereal disease.

Hay sangre en mi orina/deposición.
There is blood in my urine/stool.

PIEL Y PELO: skin and hair

PROVEEDOR: provider

¿Ha estado Usted expuesto a humeda/frio/sol/calor?
Have you been exposed to wet weather/cold/sun/heat?

¿Se quemo Usted?
Did you burn yourself?

Es un sarpullido/picadura de insecto/reacción alergica.
It is a rash/insect bite/allergic reaction.

No se rasque/toque/frota.
Don't scratch/touch/rub.

¿Tiene Usted alguna alergia que conozca?
Do you have allergies that you know of?

¿Ha sido Usted probado para alergias?
Have you ever been tested for allergies?

¿Ha cambiado Usted su dieta?
Have you changed your diet?

¿Qué comió Usted/bebió en la última ... horas/días?
What have you eaten/drunk in the last ... hours/days?

¿Está Usted nervióso o preocupado por algo?
Are you nervous or worried about anything?

> **PACIENTE**: patient
>
> Tengo quemaduras del sol severo.
> I have a severe sun burn.
>
> Tengo sarpullido/costra en mi(s) ...
> I have a rash/scab on my ...
>
> Tengo un tumor/cicatriz aquí.
> I have a growth/scar here.

La piel aquí ha cambiado de color.
The skin here has changed color.

Mi piel está muy vivo/que pica/doloroso/pálido/manchado/rojo.
My skin is very raw/itchy/sore/pale/splotchy/red.

Tengo unas hinchazónes en mi(s) ...
I have these swellings on my ...

Mi piel ha estado despellejando anormalente.
My skin has been peeling abnormally.

No aguanto el picor.
I can't stand the itching.

Mi piel está agrietada/reseca.
My skin is cracked/dry.

Mi pelo se me está cayendo anormalmente.
My hair is falling out abnormally.

Mi pelo se ha vuelto muy reseco/quebradizo.
My hair has become very dry/brittle.

Yo he estado usando una crema/loción en mi piel.
I have been using a cream/lotion on my skin.

TRATAMIENTO/DIAGNOSIS: treatment/diagnosis

Usted tiene ...
You have ...

Vea ENFERMEDADES/DOLENCIAS

Parece que no hay nada malo.
There doesn't appear to be anything wrong.

No hay cura/tratamiento por eso.
There is no cure/treatment for this.

No es nada serio.
It's nothing serious.

No es nada para preocuparse.
It is nothing to be worried about.

Usted estará mucho mejor.
You will be much better.

(No) Es contagioso.
It's (not) contagious.

Es normal en este clima/a su edad.
It is normal in this climate/at your age.

Se limpiará solo en cerca de ... días/semanas.
It will clear up on it's own in about ... days/weeks.

Usted va a necesitar más examen/tratamiento/observación/therpia.
You will need further examination/treatment/observation/therapy.

Usted va a necesitar terapia de radiación.
You will need radiation therapy.

Tendrá que operarse.
An operation will be necessary.

Lo operaremos ...
We will operate ...

Siga estas instrucciónes.
Follow these instructions.

Esto es muy importante.
This is very important.

Le voy a recetar un ...
I'll prescribe a(n) ...

Usted va a necesitar una ...
You are going to need a(n) ...

Usted necesita relajarse/calmarse.
You need to relax/calm down.

Voy a sosegar Usted.
I am going to sedate you.

Voy a sacar su ...
I am going to remove your ...

Mantengase muy cayado.
Keep very quiet.

Usted no debe hablar.
You must not speak.

No se mueva.
Don't move.

Usted tiene quebrado su ...
You have broken your ...

Está ...   It's ...

    benigno   benign
    cortado   cut
    roto   broken
    torcido   sprained
    dislocado   dislocated
    desgarrado   torn
    infectado   infected
    quemada   burned

Necesita quedarse en la cama por ... días/semanas.
Bed rest for ... days/weeks.

Usted necesita tenderse en plana dura superficie.
You need to lay on a flat hard surface.

No alza nada que pesa más de ... libras/kilos.
Do not lift anything that weighs more than ... pounds/kilos.

Use su(s) ... tan poco con posible.
Use your ... as little as possible.

Usted no debe tener relaciónes sexuales por ... días/semanas.
You must not have sexual relations for ... days/weeks.

Tiene que tener mucho cuidado.
You must be very careful.

Frote esto en la área infectada.
Rub this into the infected area.

Usted no debe comer .../beber ...
You must not eat .../drink ...

Usted necesita cambiar su dieta.
You need to change your diet.

Usted debe/Usted no debe ... por ... días/semanas.
You must/must not ... for ... days/weeks.

limpiar/use seda floja	brush/floss
banarse/baño/ducharse	bathe/bath/shower
bañarse con ...	bathe with ...

esponga	sponge
sal	salt
salvado	bran
carbonato	soda
agua caliente	hot water
agua frío	cold water
agua templada	warm water
alcohol	alcohol
esta crema	this cream
jabón	soap

No use mucho
Don't use much.

Use mucho.
Use a lot.

Estése en el baño por lo menos ... minutos/horas.
Stay in the bath for at least ... minutes/hours.

Cambie las bendas cada ... horas/días.
Change the bandage every ... hours/days.

Coma helado.
Eat ice cream.

Coma solo alimentos liquidos/sólidos.
Eat only liquid/solid foods.

Bebe abundancia de fluido.
Drink plenty of fluids.

En unos ... días Usted puede comer alimentos liquidos/solidos.
In ... days you may eat liquid/solid foods.

Usted no debe viajar por ...
You must not travel for ...

Regrese en .../regrese a las ...
Come back on .../come back at ...

'Señor Gonzales es siempre un poco teatral.'
'Mr. Gonzales always is a little bit theatrical.'

MEDICACIÓN/DOSIS: medication/dosage

PROVEEDOR: provider

Le voy a dar Usted algo para su(s) ...
I will give you something for your ...

Aquí está una receta.
Here is a prescription.

Tome toda la medicina hasta que no halla más.
Take all the medication until it is gone.

Usted puede llenar esta receta ...
You can have this prescription filled ...

> en el piso de abajo/en el piso de arriba/abajo en el pasillo/
> cuarto número ...
> downstairs/upstairs/down the hall/room number ...

> en la farmacia (quimico) más cercana
> at the nearest pharmacy (chemist)

vierta gotas	drop
tome	take
haga gárgaras	gargle
enjuage	rinse
inyecte	inject
use	use

gota(s)	drop(s)
pastilla(s)	pill(s)
cucharaditas	teaspoon(s)
medicina	medicine
ungüento	ointment
crema	cream
oral	orally
anal	anally
vaginal	vaginally
con alimentos/agua	with food/water
... veces por dia	... times per day

No lo mastique/debe tragármelas enteras.
Don't chew it/you must swallow them whole.

Mezcle este polvo con ...
Mix this powder with ...

Trágelo por pedacitos a una vez.
Swallow small pieces at a time.

Trage pedacitos de hielo.
Swallow small pieces of ice.

Aquí está algo/más de medicina.
Here is some/more medicine.

Tome esto con agua/alimento.
Take this with water/food.

PACIENTE: patient

¿Por favor puede escribir eso por mí?
Could you please write that for me?

¿Puedo tener una receta?
Can I have a prescription?

¿Puede recetarme ...?
Can you prescribe ...?

¿Necesitaré tomar esto empezando hoy?
Will I need to take this starting today?

¿Puedo tener una dosis extra?
Can I have an extra dosage?

¿Puedo tenerla en píldora/forma líquida?
Can I have it in pill/liquid form?

¿Puedo masticar esto?
Can I chew these?

¿Cuándo necesito tomar esto?
When do I need to take this?

¿Habrá algunos efectos secundarios?
Will there be any side effects?

¿Esto me hará sentir adormilado?
Will this make me drowsy?

¿Podria tomar esto con mi medicina que estoy tomando ahora.?
Can I take this with my current medication?

Yo no lo puedo usar.
I can't use it.

Yo no lo voy a usar/tomar ...
I won't use/take ...

Esta es la medicina que tomo normalmente.
This is my usual medicine.

Yo prefiero ...
I prefer ...

¿Dónde puedo consegir alguna medicina?
Where can I get some medicine?

¿Dónde puedo surtir está receta?
Where can I fill this prescription?

¿Puedo viajar?
Can I travel?

FARMACIA: pharmacy (chemist)

PROVEEDOR: provider

¿Necesita Usted surtir esta immediatamente?
Do you need this filled immediately?

¿Cuál es el nombre de su médico?
What is your doctors name?

Necesitamos chequear con su médico antes de surtir esto.
We will need to check with your doctor before we can refill this.

Voy a llamar a el/ella.
I am going to call him/her.

Usualmente se toma ... horas/días antes de tener una respuesta.
It usually takes ... hours/days before we get an answer.

Esta es solo para uso externo.
This is for external use only.

Esto lo hará sentir adormilado.
These will make you drowsy.

No maneje o hace funcionar con ningun equipo pesado mientras está
tomando esto medicamento.
Do not drive or operate any heavy equipment while taking this
medication.

No tome bebidas alcoholicas mientras está tomando este medicamento.
Do not drink any alcohol while on this medication.

Tome esto (solamente) con alimentos o leche.
Take this one (only) with food or milk.

Usted puede recojerlo esto a las ... en punto.
You can pick this up at ... o'clock.

Usted puede recojerlo esto al rededor de ... minutos/horas.
You can pick this up in about ... minutes/hours.

Puede Usted esperar por esto, no toará mucho tiempo.
You can wait for this, it won't be long.

Usted necesitará una nueva/otra receta.
You will need a new/another prescription.

Su receta está vencida.
Your prescription has expired.

No hay más recetas.
There are no more refills.

PACIENTE: patient

¿Puedo llenar esta receta?
Can I have this prescription filled?

¿Puedo obtenerlo sin receta?
Can I have it without a prescription?

Necesito surtir esta receta.
I need a refill on this prescription.

¿Cuánto tiempo tardar?
How long will it take?

¿Tengo que esperar?
Shall I wait?

¿Puedo regresar más tarde?
Can I come back for it later?

¿Puedo tener ... cajas/botellas por favor?
Could I have ... boxes/bottles please?

¿Tiene Usted .../marca ...?
Do you have/ ...brand?

Me los puede poner en una caja/bolsa/botella/botella de plastico
por favor.
I would like them put in a box/bag/bottle/plastic bottle please.

HONORARIOS/PAGO: fees/paying

EMPLEADO: clerk

¿Cuál es su nombre?
What is your name?

¿Cuál sera el número de su cuarto?
What was your room number?

¿Tiene Usted seguros?
Do you have health insurance?

¿Quiere llenar esta hoja de seguro, por favor?
Would you fill in this health insurance form, please?

¿Por quién está Usted cubierto?
Who are you covered by?

¿Tiene Usted cuenta con nosotros?
Do you have an account with us?

¿Ha sido Usted visto aquí antes?
Have you been seen here before?

Hay honorarios de procedimiento de primera visita de ...
There will be a first visit processing fee of ...

Aquí está su cuenta.
Here is your bill.

Aquí está un analisis de su cuenta.
Here is a breakdown of your bill.

Nosotros aceptamos (solo) ...
We accept (only) ...

cheques certificados	certified checks
giros postales	money orders
moneda local	local currency
tarjetas de credito	credit cards
dinero en efectivo	cash
cheques personales	personal checks

Aquí está su recibo.
Here is your receipt.

¿Tiene Usted alguna identificación?
Do you have some identification?

Nuestros registros indican que Usted estubo ...
Our records show you were ...

en la cama número ...   in bed number ...
en el cuarto número ...   in room number ...

por ... días   for ... day(s)

PACIENTE: patient

¿Cuánto cuesta esos?
How much do they cost?

¿Cuánto es (todo junto)?
How much is it (altogether)?

Eso es demasiado mucho.
That is too much.

Eso está bien.
That is just fine.

Yo tengo seguros.
I have health insurance.

Estoy cubierto por ...
I am covered by ...

Aquí está la tarjeta de mi seguro.
Here is my insurance card.

¿Puedo pagar al contado/cheques de viajero/tarjeta de credito?
May I pay with cash/travellers checks/personal check/credit
card?

¿Puede darme un recibo por favor?
May I have a receipt please?

No tengo dinero.
I don't have any money.

Necesito obtener (más) dinero.
I will need to get some (more) money.

Estoy esperando algo de dinero de la casa/del banco.
I am expecting some money from home/the bank.

¿Pago ahora o me envía Usted la cuenta?
Do I pay now or will you send me the bill?

¿Acepta Usted ...?
Do you accept ...?

Me gustaría ver la cuenta por favor.
I would like to see the bill please.

Puedo ver un analisis de los precios por favor.
I would like to see a breakdown of the charges please.

¿Cuáles son sus pagos?
What are your fees?

¿Tiene Usted un plan de pagos?
Do you have a payment plan?

¿Puedo pagar a plazos?
May I pay in payments?

¿Debo pagar por adelatado?
Must I pay in advance?

¿Puedo pagar por adelantado?
May I pay in advance?

¿Cuál sera el costo total?
What will the total cost be?

¿Cuál sera el costo estimado?
What do you estimate the cost to be?

¿A nombre de quién hago el cheque?
Who do I make the check out to?

Aquí está mi identificación.
Here is my identification.

Perdí mi identificación.
I have lost my identification.

Estos precios son muy altos.
These charges are too high.

Yo no fui visto por esto/eso.
I was not seen for this/that.

Esta no es mi cuenta.
This is not my bill.

Usted ha hecho un error.
You have made a mistake.

Yo no estuve aquí por ...
I was not here for ...

Me gustaría hablar con alguien ...
I would like to speak to someone ...

encargado	in charge
quién habla español	who speaks Spanish

yo fui visto por ...
I was seen by ...

médico ...	doctor ...
enfermera ...	nurse ...
especialista ...	specialist ...

Ya he pagado por ello.
I've already paid for it.

Aquí está mi recibo.
Here is my receipt.

¿Puede darme un certificado médico?
Can I have a medical certificate?

'Es choque secundario, el recién ha visto la cuenta.'
'It's secondary shock, he's just seen the bill.'

ENFERMEDADES/DOLENCIAS: illnesses/diseases/ailments

abrasión	abrasion
absceso	abscess
acné	acne
acceso	attack
acedía	heart burn
alergia	allergy
ampolla	blister
ampolla de sangre	blood blister
ampolla del labio	fever blister, cold sore
anemia	anemia
anémico	anemic
angina	angina
ansiedad	anxiety
apendicitis	appendicitis
arañazo	scratch
arenillas	gravel
articulaciónes inestables	unstable joints
artritis	arthritis
asma	asthma
astilla	splinter
ataque	attack, fit
ataque al corazón	heart attack
ataque fulminate	stroke
bacteria	bacteria
brevedad del aliento	shortness of breath
bronquitis	bronchitis
bulto	lump
calambre	cramp
callo	corn
cáncer	cancer
cardenal	bruise
caspa	dandruff
cataratas	cataracts
cólera	cholera
cólico	colic
concusión	concussion
congestión	congestion
convulsión	convulsion
cortada	cut
crisis nerviosa	nervous breakdown
cruda	hang over

choque	shock
conjuntivitis	pink eye
daño del cuello	whip lash
dependencia	dependency
depresión	depression
diabetes	diabetes
diarrea	diarrhoea
difteria	diphtheria
disentería	dysentery
dolor de espalda	backache
dolor de garganta	sore throat
dolor de cabeza	headache
dolor de oído	earache
dolor de estómago	stomach ache
dolor de diente	tooth ache
dolores	pains
enfermedad	illness
enfermedad del corazón	heart disease
enfermedad del hígado	liver disease
enfermedad del riñón	kidney disease
enfermedades mentales	mental disease
enfermedades nerviosas	nervous disease
enfermedad venérea	venereal disease
enfriamiento	chill
envenenamiento con plomo	lead poisoning
epilepsia	epilepsy
escaldadura	scald
escalofríos	chills
escarlatina	scarlet fever
espasmo	spasm
estreñimiento	constipation
exceso de bilis	biliousness
extenuación	exhaustion
fatiga	fatigue
fiebre	fever, temperature
fiebre del heno	hay fever
fiebre reumática	rheumatic fever
flemón	abscess
fractura	fracture
fractura abierta	compound fracture
furúnculo	boil
gangrena	gangrene
gastritis	gastritis

gingivitis	gingivitis
glaucoma	glaucoma
gonorrea	gonorrhea
gota	gout
granos	pimples
gripe	flu, influenza
hemorragia	hemorrhage
hemorragia nasal	nosebleeds
hemorragia vaginal	vaginal bleeding
hemorroides	hemorrhoids, piles
herida	wound
hernia	hernia
herpe	herpes
hiedra venenosa	poison ivy
hinchazón	swelling
ictericia	jaundice
indigestión	indigestion
infección	infection
infección vaginal	yeast infection
inflamación	inflammation
insolación	sun stroke
insomnio	insomnia
intoxicación por alimentos	food poisoning
jaqueca	migraine
ladillas	crabs
laringitis	laryngitis
lepra	leprosy
lipotimia	fainting spells
lunar	mole
llaga	sore
malaria	malaria
mareo	dizziness, travel sickness
menopausia	menopause
molestias de estómago	upset stomach
mordedura	bite
mordedura de perro	dog bite
mordida de mosquito	mosquito bite
nariz tapado	stuffy nose
náusea	nausea
operación desviada	by-pass
palpitaciónes	palpitations
paperas	mumps
parálisis	paralysis

paralizado	paralized
parásito	parasite
picada	sting
picadura	bite (insect)
picadura de araña	spider bite
picadura de hormiga	ant bite
picadura de pulga	flea bite
picor	itch
piojos	lice
pleuresía	pleurisy
preocupación	worry
presión sanguínea elevada	high blood pressure
pulmonía	pneumonia
pus	pus
quemadura	burn
quemaduras del sol	sun burn
raspadura	graze
resfriado	cold
reumatismo	rheumatism
ronco	hoarse
rubéola	German measles
rumor cardíaco	heart murmur
sangriento	bleeding
sarampión	measles
sarna	scabies
sarpullido	rash
senil	senile
sida	aids
sífilis	syphilis
tabardillo pintado	spotted fever
tendencia a sangrar	bleeding tendency
tenia	tape worm
tensión	pressure, tension
tensión	stress
tensión alta	hypertension
tensión baja	hypotension
tensión nerviosa	nervous tension
tic nervioso	nervous twitch
tifoidea	typhoid fever
tifus	typhus fever
tiña	ringworm
tonsilitis	tonsillitis
torcedura	sprain

torticolis	stiff neck
tos	cough
tos ferina	whooping cough
trauma	trauma
tuberculosis	tuberculosis
tumor	growth
úlcera	ulcer
varicela	chicken pox
verruga	wart
viruela	smallpox
virus	virus
vómito	vomiting
vómitos por la mañana	morning sickness
zumaque venenoso	poison oak

rash, small (handwritten annotation pointing to varicela)

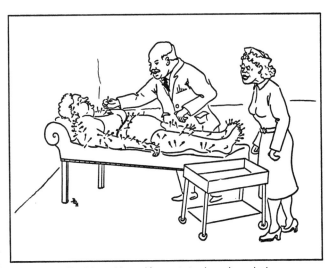

'Ella *debe* ser hipocondríaca, se te terminaron las agajas.'
'She *must* be an hypochondriac, you've run out of needles.'

ARTÍCULOS MÉDICOS: medical items

aguja	needle
algodón	cotton
andador	walker
antibiótico	antibiotic
anticonceptivo	contraceptive
anti-depresivos	anti-depressant
antiséptico	antiseptic
aparato	braces (teeth)
aspirina	aspirin
bastón	cane
bolsa caliente	hot pack
bolsa fría	cold pack
botiquín	first aid kit
braguero	truss
cabestrillo	sling
cama	bed
camilla	stretcher
cataplasma	poultice
cepillo de dientes	toothbrush
condom	condom
corona del diente	crown
crema	cream
crema antiséptica	antiseptic cream
crema bronceadora	sun screen
dentadura	denture
desinfectante	disinfectant
dósis	dose
empaste	filling
emplasto	plaster
enema	enema
esparadrapo	plaster (bandaid)
gargarismo	mouth wash
gas	gas
gasa	gauze
gotas nasales	nose drops
gotas para los oídos	ear drops
gotas para los ojos	eye drops
inhalación	inhalant
intravenoso	I.V. (intravenous)
jabón	soap
laxante	laxative

lentes	glasses
lentes de contacto	contact lenses
loción contra los insectos	insect repellent
manta	blanket
medicina líquido	liquid medicine
muleta	crutch
paños higiénicos	sanitary napkins
papel higiénico	toilet paper
pasta dentífrica	toothpaste
pastillas para la garganta	throat lozenges
pastillas para la tos	cough drops
penicilina	penicillin
píldora	pill
radiografía	x-ray
receta	prescription
refuerzo para ...	... brace
remedio	remedy
seda floja	floss
sedativo	sedative
silla de ruedas	wheel chair
silleta	bed pan
somnífero	sleeping pills
supositorios	suppositories
tabletas contra mareo	travel sickness tablets
tablilla	splint
tampónes	tampons
tejidos	tissues
termómetro	thermometer
torniquete	tourniquet
tranquilizante	tranquilizer
tubo	tube
ultrasonido	ultra sound
ungüento	ointment
vacuna	vaccine
vacunación	vaccination
venda	bandage
venda elástica	elastic bandage
vendages abrasivos	adhesive bandages
vendaje	dressing
vitaminas	vitamins
yeso	cast
yodo	iodine

PARTES DEL CUERPO: parts of the body

abdomen	abdomen
amígdalas	tonsils
ano	anus
antebrazo	forearm
apéndice	appendix
arteria	artery
articulación	joint
axila	armpit
barbilla	chin
boca	mouth
brazo	arm
cabeza	head
cadera	hip
capilar	capillary
cara	face
carne	flesh
cartílago	cartilage
ceja	eyebrow
cerebro	brain
cerviz	cervix
cintura	waist
clavícula	collar-bone
codo	elbow
columna	spine
corazón	heart
cordón umbilical	umbilical cord
córnea	cornea
costilla	rib
cráneo	skull
cuello	neck
cuero cabelludo	scalp
cuerpo	body
cutícula	cuticle
dedo	finger
dedo del pie	toe
dedo pulgar	thumb
diente	tooth
dientes	teeth
encías	gums
espalda	back
espinilla	shin

esternón	sternum
estómago	stomach
frente	forehead
garganta	throat
glándula	gland
gordo	fat
hígado	liver
hombro	shoulder
hueso	bone
ingle	groin
intestino	bowel
intestinos	intestines
labio	lip
lado	side
laringe	larynx
lengua	tongue
ligamento	ligament
lóbulo	lobe
mandíbula	jaw
mano	hand
médula	marrow
médula espinal	spinal cord
membrana	membrane
miembro	limb
muela	molar
muela del juicio	wisdom tooth
muñeca	wrist
músculo	muscle
muslo	thigh
nariz	nose
nervio	nerve
nube	film (eye)
nudillo	knuckle
oído	ear
ojo	eye
ombligo	navel
paladar	palate
paletilla	shoulder blade
palma	palm
páncreas	pancreas
pantorrilla	calf
párpado	eyelid
peca	freckle

pecho	breast, chest
pelo	hair
pelvis	pelvis
pene	penis
pestañas	eyelashes
pezón	nipple
pie	foot
piel	skin
pierna	leg
planta	sole
postrado	prostate
prepucio	foreskin
pulmón	lung
puño	fist
pupila	pupil
región púbico	pubic area
riñón	kidney
rodilla	knee
rodillas	lap
rótula	knee cap
saliva	saliva
sangre	blood
seno	sinus
sien	temple
sistema nervioso	nervous system
talón	heel
tejidi	tissue
tendón	tendon
testículos	testicles
tibia	shinbone
tímpano	ear drum
tobillo	ankle
uña	nail
útero	uterus
vagina	vagina
vaso sanguíneo	blood vessel
vejiga/vesícula	bladder
vena	vein
ventana de la nariz	nostril
vértebra	vertebra
vesícula biliar	gall-bladder
vientre	belly

TIEMPO: times

antes/después/durante	before/after/during
comidas	meals
dormiendo	sleeping
desayuno	breakfast
almuerzo	lunch
cena	dinner
comiendo	eating
bebiendo	drinking
mañana	morning
mediodía	noon
noche	night

por ...	in the ...
el día	daytime
la noche	nighttime
la mañana	early morning
la tarde	late evening

para ...	at ...
mediodía	noon
tiempo para dormir	bedtime
la noche	night
antes de mediodía	am
antes de media noche	pm
la una	one o'clock
la una y media	one thirty
las dos	two o'clock
las dos y media	two thirty
las tres	three o'clock
las tres y media	three thirty
las cuatro	four o'clock
las cuatro y media	four thirty
las cinco	five o'clock
las cinco y media	five thirty
las seis	six o'clock
las seis y media	six thirty
las siete	seven o'clock
las siete y media	seven thirty
las ocho	eight o'clock

las ocho y media	eight thirty
las nueve	nine o'clock
las nueve y media	nine thirty
las diez	ten o'clock
las diez y media	ten thirty
las once	eleven o'clock
las once y media	eleven thirty
las doce	twelve o'clock
las doce y media	twelve thirty

el día   on

lunes	Monday
martes	Tuesday
miércoles	Wednesday
jueves	Thursday
viernes	Friday
sábado	Saturday
domingo	Sunday

1° : first
2° : second
3° : third
4° : fourth
5° : fifth
6° : sixth
7° : seventh
8° : eighth
9° : ninth
10° : tenth
11° : eleventh
12° : twelfth
13° : thirteenth
14° : fourteenth
15° : fifteenth
16° : sixteenth
17° : seventeenth
18° : eighteenth
19° : nineteenth
20° : twentieth
21° : twenty first
22° : twenty second
23° : twenty third

24° : twenty fourth
25° : twenty fifth
26° : twenty sixth
27° : twenty seventh
28° : twenty eighth
29° : twenty ninth
30° : thirtieth
31° : thirty first

enero	January
febrero	February
marzo	March
abril	April
mayo	May
junio	June
julio	July
agosto	August
septiembre	September
octubre	October
noviembre	November
diciembre	December

este año	this year
proximo año	next year
en la primavera	in the spring
en el verano	in the summer
en el otoño	in the autumn
en el invierno	in the winter

cada minuto	every minute
cada otro minuto	every other minute
dos veces por minuto	twice a minute
... veces por minuto	... times a minute
cada media hora	every half hour
cada hora	every hour
cada otra hora	every other hour
... veces por hora	... times an hour
cada día	every day
cada otro día	every other day
dos veces por día	twice a day
... veces por día	... times a day
cada semana	every week
cada otra semana	every other week

... veces por semana	... times a week
cada mes	every month
cada otro mes	every other month
... veces por mes	... times a month
cada año	every year
cada otro año	every other year
... veces por año	... times a year
ayer	yesterday
la semana pasada	last week
el mes pasado	last month
el año pasado	last year
... hace unos segundos	... seconds ago
... hace unos minutos	... minutes ago
... hace unas días	... days ago
... hace unas horas	... hours ago
... hace unas semanas	... weeks ago
... hace unos meses	... months ago
... hace unos años	... years ago

Cuando Usted sienta que lo necesita
When you feel you need it.

Después ... se ha ido por.
After ... has gone by.

Cuanto antes.
As soon as possible.

ahora	now
hoy	today
mañana	tomorrow
pasado mañana	day after tomorrow
en ... segundos	in ... seconds
en ... minutos	in ... minutes
en ... horas	in ... hours
en ... días	in ... days
en ... semanas	in ... weeks
en ... meses	in ... months
en ... años	in ... years

COLORES: colors

beige	beige
negro	black
azul	blue
marrón	brown
crema	cream
oro	gold
verde	green
gris	grey
naranja	orange
rosa	pink
púrpura	purple
rojo	red
plata	silver
turquesa	turquoise
blanco	white
amarillo	yellow

'Espero que tenga Usted un fuego soldado, mi roputación depende de eso.'
'I hope you have a light soldier, my reputation depends on it.'

NÚMEROS: numbers

0:	zero
1:	one
2:	two
3:	three
4:	four
5:	five
6:	six
7:	seven
8:	eight
9:	nine
10:	ten
11:	eleven
12:	twelve
13:	thirteen
14:	fourteen
15:	fifteen
16:	sixteen
17:	seventeen
18:	eighteen
19:	nineteen
20:	twenty
21:	twenty one
22:	twenty two
23:	twenty three
24:	twenty four
25:	twenty five
26:	twenty six
27:	twenty seven
28:	twenty eight
29:	twenty nine
30:	thirty
40:	forty
50:	fifty
60:	sixty
70:	seventy
80:	eighty
90:	ninety
100:	one hundred
150:	one hundred and fifty
200:	two hundred
250:	two hundred and fifty

300:	three hundred
400:	four hundred
500:	five hundred
600:	six hundred
700:	seven hundred
800:	eight hundred
900:	nine hundred
1,000:	one thousand
2,000:	two thousand
3,000:	three thousand
4,000:	four thousand
5,000:	five thousand
6,000:	six thousand
7,000:	seven thousand
8,000:	eight thousand
9,000:	nine thousand
10,000:	ten thousand

1°:	first
2°:	second
3°:	third
4°:	fourth
5°:	fifth
6°:	sixth
7°:	seventh
8°:	eighth
9°:	ninth
10°:	tenth

Name
Nombre _____

Home address
Dirección de casa _____

_____

Home phone
Teléfono de casa _____

Social security number
Número de seguridad social _____

Drivers license number
Número de permiso de conducir _____

Immigration card number
Número de tarjeta de inmigración_____

Passport number
Número de pasaporte _____

Blood type
Tipo sanguíneo_____

Allergies (allergic to)
Alergias (alérgico a) _____

Doctor (name & phone)
Médico (nombre y teléfono) _____

In case of an emergency please notify: Name
En caso de emergencia avisa por favor: Nombre

_____

Address
Dirección _____

_____

Phone
Teléfono _____

Hites- Clabaugh